Die bereisten Länder Afrikas

ITALIEN

TÜRKEI

TUNESIEN *Mittelmeer* ZYPERN

MAROKKO ISRAEL

ALGERIEN LIBYEN ÄGYPTEN

WEST-
SAHARA

MAURETANIEN *Rotes
Meer*

MALI

NIGER

SENEGAL TSCHAD SUDAN ERITREA JEMEN

GAMBIA BURKINA
FASO DSCHIBUTI

GUINEA-
BISSAU GUINEA

SIERRA LEONE ELFEN-
BEIN-
KÜSTE GHANA NIGERIA ZENTRALAFRIK.
REPUBLIK SÜDSUDAN ÄTHIOPIEN

LIBERIA

TOGO BENIN KAMERUN SOMALIA

SÃO TOMÉ
UND PRÍNCIPE GABUN REP.
KONGO RUANDA UGANDA KENIA

ÄQUATORIAL-
GUINEA DEMOKRATISCHE
REPUBLIK
KONGO BURUNDI

früher ZAIRE TANSANIA

*ATLANTISCHER
OZEAN* MALAWI KOMOREN

ANGOLA

MOSAM-
BIK

SAMBIA

*Straße
von
Mosambik* MADA-
GASKAR

NAMIBIA SIMBABWE

BOTSWANA

SWASILAND

LESOTHO

SÜDAFRIKA

Querweltein – neben vielen europäischen Ländern und einem Abstecher nach Asien, bin ich – ohne Rückfahrkarte – auf den „schwarzen Kontinent" übergesetzt. Dass ich 27 afrikanische Staaten (auf der Karte dunkel hervorgehoben) bereisen sollte, war zu keiner Zeit geplant.

Klaus Deckenbach

3

Inhalt

Wo bin ich?

Schreie. Menschen, die an mir vorbeidrängen. Ein Fußtritt gegen meinen Oberschenkel, Schmerz. Noch mehr Rufen, drängender. Mühsam öffne ich die Augen. Ein Soldat mit Gewehr im Anschlag steigt über mich hinweg. Mir fallen die Augen wieder zu.

Was ist hier überhaupt los?

Ich kann kaum einen klaren Gedanken fassen, Fieber und Schmerzen rauben mir die Sinne. Malaria, fällt mir wieder ein. Du hast Malaria.

Warum lassen die Schreie nicht nach? Wo bin ich? Ach, ist ja eigentlich egal …

Ein Affe kreischt in nächster Nähe. Unter mir schwankt der Boden. Genagelte Stiefel donnern auf einen Untergrund aus Metall, das Geräusch dröhnt in meinen Ohren. Ich öffne die Augen einen Spalt und nehme verschwommen bunte, grelle Farben war. Die schwere, heiße Luft riecht feucht und würzig: nach Menschen und Tieren, nach klammem Schlafsack.

Leon beugt sich über mich. „Klaus, bleib bloß liegen! Die Soldaten versuchen, uns auszurauben!", ruft er.

Der Kongo, erinnere ich mich. Ich reise mit einem Frachter auf dem Kongo. Das ist mein Schlafsack, der so mieft.

Ich halte meine Augen geschlossen, denn es tut sehr weh, sie zu bewegen. Auf dem Schiff scheint es ziemlich hoch herzugehen. Immer wieder streift mich jemand oder etwas. Ich habe den Eindruck, als würden alle Passagiere gleichzeitig an mir vorbeiströmen. Sie scheinen richtig sauer zu sein, die drohenden Rufe nehmen kein Ende. Jetzt höre ich das Rascheln von Kleidung, Knuffe, Stöhnen, das Geräusch eines Körpers, der auf Deck aufschlägt. Es wird still.

Die haben doch jemanden zusammengeschlagen! Was ist mit dem

Menschen los? Lebt er noch? Schritte einer Einzelperson passieren mich, dann höre ich, wie jemand ins Wasser fällt.

Hoffentlich bemerken mich die Soldaten nicht, denke ich. Die halten mich bestimmt für reich, nur weil ich weiß bin! Dann nehmen sie mich genauer ins Visier, und ich bin momentan leichte Beute.

Langsam und vorsichtig drehe ich mich in meinem Schlafsack von den Menschen weg, damit mein weißes Gesicht nicht entdeckt wird. Sofort schießt der Schmerz durch meinen Körper. Hinter halb geschlossenen Lidern sehe ich die Landschaft, durch die wir reisen. Den Fluss, umgeben von dichtem Regenwald. Baumriesen in saftigem Grün. Exotisch. Dunkelhäutige Menschen in knallbunten Klamotten. Doch ich habe keinen Blick für die Schönheit der Umgebung.

Auf Deck liegend leide ich unter einem schrecklichen Malariaschub. Als ich gesund an Bord kam, schienen alle Widrigkeiten kein Problem zu sein: Die etwa hundertfünfzig anderen Menschen an Bord, jede Menge lebende Tiere, die fehlenden sanitären Anlagen, die unglaubliche Hitze an Deck. Das alles erlebe ich in meinem jetzigen Zustand als fahrende Hölle.

Hoffentlich überlebe ich das! Ich möchte doch meine Familie wiedersehen. Mein Zuhause. Was mache ich hier eigentlich? Warum habe ich mich auf diese Reise eingelassen? Ich muss verrückt gewesen sein. Oder bin ich es noch? Weshalb bin ich nur auf die Walz gegangen?

Die Entscheidung

Als ich den Flyer in die Hand bekomme, treibt mich schon seit einiger Zeit eine innere Unruhe um. „Hinaus in die Ferne" steht über dem Bild zweier Wandergesellen. Die Broschüre spricht etwas in mir an, was ich eigentlich zu unterdrücken versuche.

Zu gern würde ich für ein Jahr ins deutschsprachige Ausland gehen, um mehr über das Schreinerhandwerk zu lernen. Doch ich habe gemerkt, dass dieser Vorschlag meine Familie traurig werden lässt. Daher besuche ich gerade eine Abendschule, um meinen Handwerksmeister zu machen. Später möchte ich eine eigene Schreinerei eröffnen.

Und nun das – die Broschüre über die Wandergesellen. Sie weckt erneut meine Sehnsucht nach einem alternativen Lebensstil. Wenn ich als Schreiner auf die Walz gehen könnte, würde ich herumkommen, die Welt kennenlernen – und gleichzeitig meine handwerklichen Fähigkeiten weiterentwickeln. Ich muss mich unbedingt näher erkundigen!

So nehme ich Kontakt zu den Rechtschaffenen Fremden Gesellen auf, einer Vereinigung von Wandergesellen. Von ihnen erfahre ich, dass auch Schreiner auf die Walz gehen können. Regelmäßig reise ich nun nach Mannheim, um dort in einer Kneipe an den Gesellentreffen teilzunehmen. Der Lebensstil, von dem die Männer reden, fasziniert mich.

Eine Zeit lang ringe ich mit mir. Soll ich wirklich auf die Walz gehen? Das wäre ein großer Schritt und für drei Jahre verbindlich. Ich müsste meine Beschäftigung kündigen. Meine Eltern und Geschwister verlassen. Und doch: Ich bin erst zweiundzwanzig Jahre alt! Mir stehen noch alle Möglichkeiten offen und es gibt wenig, was mich bindet: keine Frau oder gar Kinder, kein eigener Betrieb.

Nach und nach wächst der Entschluss in mir, das Wagnis einzugehen. Meine Eltern reagieren zurückhaltend, legen mir jedoch keine Steine in den Weg.

Bevor ich mich auf den Weg machen kann, ist noch viel vorzubereiten. Als Erstes lasse ich mich ausmessen und beauftrage Kurt Gaden, der traditionsgemäß Zunftkleidung für Wandergesellen herstellt, mir eine maßgefertigte Kluft zu schneidern. Zur traditionellen Tracht der Wandergesellen gehören ein schwarzer Hut, ein weißes kragenloses Hemd (die „Staude"), eine Manchesterweste, eine Manchesterjacke mit abgesteppten Falten und großen Taschen sowie die auffällige Manchesterhose mit weitem Schlag.

Ein alter Schuhmacher fertigt mir einen verstellbaren Schultergürtel an. Diesen befestige ich an einem Holzsteg, über den ich das traditionelle Gepäckstück der Wandergesellen, den Charlottenburger, befestige. Der Charlottenburger ist ein mit Handwerksszenen bedrucktes Allzwecktuch. In dieses wird alles eingewickelt, was ich für das Leben unterwegs brauche: Ersatzklamotten, ein kleines Handtuch, ein Schlafsack, Schuhputzzeug, Rasierzeug, Zahnbürste, Zahnpasta, Seife, Dokumente und etwas Reiseproviant.

Arne, mein Kumpel und ehemaliger Arbeitskollege, überrascht mich mit einem Schatz. Im Wald hat er einen dicken Ast einer Korkenzieherhasel gefunden. Der Prügel ist, wie der Name schon sagt, korkenzieherartig gewachsen. Ich entferne die Rinde und behandle ihn mit schwarzem Hartlack. Schließlich wird unten eine Eisenspitze eingesetzt und ein Lederband durch das obere Ende gezogen – und fertig ist mein Wanderstab, der „Stenz".

Ich bin dankbar, dass ich bei den vielen Vorbereitungen immer wieder Unterstützung durch die erfahrenen Gesellen in Mannheim bekomme. Bei einem feierlichen Ritual in der Gesellenvereinigung verpflichte ich mich, drei Jahre und einen Tag als Wandergeselle unterwegs zu sein. In dieser Zeit darf ich nicht näher als fünfzig Kilometer an meinen Heimatort herankommen. Außerdem verspreche ich, meine handwerklichen Fähigkeiten zu erweitern, eine praxisnahe Lebensschule durchzumachen und einen Beitrag zur

Völkerverständigung zu leisten. Am Ende des Rituals wird meine Kluft durch die „schwarze Ehrbarkeit", eine Art Krawatte, vervollständigt. Sie soll ausdrücken, dass es eine Ehre ist, bei den Rechtschaffenen Fremden Gesellen zu reisen. Zudem erhalte ich ein Wanderbuch und ein Adressbuch mit Anlaufstellen von ehemaligen Wandergesellen und Herbergen rund um den Erdball.

Inzwischen habe ich gelernt, dass die Wandergesellen eine eigene Sprache sprechen, die unter anderem hebräische und jiddische Wurzeln hat. Ein zünftiger Geselle wandert nicht, sondern er *tippelt*, er arbeitet nicht beim Meister, sondern er *scheniegelt* beim *Krauter*, er kündigt nicht, sondern *haut in den Sack*. Wir wünschen einander keine gute Reise, sondern eine *fixe Tippelei*. Mein eben beschriebenes feierliches Versprechen nennen wir *in den Schacht einbinden*.

Es wird ernst: Meinen Abschied feiere ich doppelt und dreifach. Erst gebe ich in meinem Heimatort Riedrode eine Abschiedsparty für meine Freunde. Zwei Tage später verlasse ich Riedrode auf traditionelle Weise: Rund zehn Wandergesellen laufen im Gänsemarsch hintereinander, mit einem Fuß auf dem Gehweg, mit dem anderen in der Regenrinne – und ich mittendrin. An meinem Charlottenburger ist eine Flasche Schnaps festgebunden. Wir laufen und singen und geben die Schnapsflasche weiter.

Schließlich wird in der Mannheimer Gesellenherberge noch einmal Abschied gefeiert: mit vielen Gesellen, meinen Eltern und viel Bier und Schnaps. Dann ziehe ich los, ganze zweihundert Mark habe ich in der Tasche. Beim Weggehen darf ich mich nicht umsehen, das verbietet der Brauch. Ich könnte ja meine Freunde und Eltern weinen sehen, und dieses Erinnerungsbild wäre äußerst gefährlich.

Schach mit dem Chef

Eigentlich will ich nach Berlin. Meine Freunde wussten das und haben mir einen Stadtführer für die Hauptstadt mitgegeben. Doch die Wandergesellen, mit denen ich unterwegs bin, lotsen mich nach Baden-Württemberg. Mit ihrer Hilfe finde ich bereits nach drei Tagen Arbeit: Ein Zimmerer stellt mich ein.

Johannes ist Zimmerermeister im schönen Schwabenländle, seine beiden Söhne waren auch auf Wanderschaft. Vielleicht verstehen er und seine Frau mich daher so gut und nehmen mich regelrecht in ihre Familie auf. Ich fühle mich sehr wohl dort, es mangelt mir an nichts. Dreimal täglich nehme ich Mahlzeiten mit ihnen ein. Die Hausfrau ist eine gute Köchin, aber fast jeden Tag und zu allen Speisen gibt es selbst gemachte schwäbische Spätzle. Dass ich kein Fleisch esse, sondern mich vegetarisch ernähre, sorgt zwar für Verwunderung, wird aber akzeptiert. Nach dem Mittagessen spiele ich immer eine Partie Schach mit Johannes. Meistens gewinnt er.

Hier in der Fremde vermisse ich bald meine eigene Familie und meine Freunde. Umso mehr genieße ich den Familienanschluss. Johannes nenne ich „Vadder" und seine Frau „Mudder". Ich darf die „Knechtswohnung" beziehen, die direkt an die Werkstatt angebaut ist. Zwei Betten stehen darin, es gibt ein kleines Bad und eine Toilette.

Nach vier Wochen bekomme ich einen Mitbewohner. Mathias aus Kiel, ein weiterer Wandergeselle, wird angestellt. Wir teilen uns nicht nur die Wohnung, sondern unternehmen auch in der Freizeit vieles gemeinsam: Wir gehen zusammen baden oder ins Kino und zu den Gesellentreffen. Von der Chefin lassen wir uns zeigen, wie man selbst schwäbische Spätzle kocht. Wenn es nach ihr ginge, sollten wir sogar eine Spätzlepresse mit auf die weitere Reise nehmen …

Als Schreiner in einer Zimmerei arbeiten – ich bin gespannt, wie das wird. Gleich bekomme ich vertraute Arbeit. Vor allem der Innenausbau macht mir richtig Spaß. Decken- und Wandverkleidungen sowie allerlei Reparaturarbeiten zählen zu meinem Alltagsgeschäft. Ich setze Türen mit Stockrahmen und bekomme Einblick in den Treppenbau. Häufig arbeite ich selbstständig oder auch zusammen mit einem anderen Zimmerer. Eins allerdings behagt mir nicht bei dieser Arbeit. Bei Einsätzen in den oberen Regionen zittern mir leicht die Knie. Respektvoll denke ich: Mutige Leute, diese Zimmerer – die turnen in schwindelerregender Höhe über Balken, Latten und sogar Dachziegel, als ob das gar nichts wäre!

Mein Chef ist Mitte fünfzig, ein gestandener Familienvater und Unternehmer. Ich dagegen bin Anfang zwanzig und noch ein unerfahrenes „Greenhorn". Wir bilden also ein sehr ungleiches Paar. Einmal nimmt er mich mit zum Innenausbau eines Dachgeschosses. In einem Altbau legen wir den Fußboden mit Holzplatten aus. Später soll hier Teppichboden verlegt werden. Als Schreiner bin ich es gewohnt, bei solchen Arbeiten eine Unterkonstruktion zu errichten und diese mit der Wasserwaage auszurichten. Das scheint mir hier besonders nötig, denn auf einem Meter sind im Bodenverlauf ungefähr drei Zentimeter Höhenunterschied. Mein Zimmerer-Chef allerdings sieht das ganz anders. Er beharrt darauf, dass die Platten direkt auf dem Boden angebracht werden – ohne den Untergrund auszugleichen. Ich versuche, ihn zu überzeugen, und zeige ihm am Meterstab die Zentimeter- und Millimeterabmessungen. Wir streiten ein bisschen, aber natürlich muss ich dem Chef gegenüber nachgeben.

Am Ende dieses Arbeitstages hänge ich die Tür ein. Es war klar, dass sie gekürzt werden muss, aber jetzt wird sehr deutlich, wie schief der Boden ist. Bei einer Breite von sechsundachtzig Zentimetern muss die Tür über dreieinhalb Zentimeter schräg angepasst werden, damit sie schließt. In meinen Augen ist die gesamte Arbeit unsauber ausgeführt worden und meiner nicht würdig. Tränen steigen mir in die Augen, ich fühle mich in meiner Berufsehre als

Schreiner verletzt. Jetzt bin ich auch noch für diesen Pfusch mitverantwortlich, denke ich traurig.

Mit meinem Chef habe ich noch eine gute Zeit und wir spielen
viele Partien Schach. Aber ich vermeide es von nun an, mit ihm an
Projekten zu arbeiten.

Zünftiger Gesellenabend

O nein, nicht noch eins! Ein Wandergeselle stellt das vierte Bier und den dazugehörigen vierten Köm dieses Abends vor mich auf den Tisch. In meinem Magen rumort es bereits und der Alkohol steigt mir zu Kopf. Wie viele noch? Ich überschlage kurz ... So ungefähr elf Bier mit Schnaps stehen noch aus!

„Willkommen in Rottweil! Auf geht's!", fordern mich die Gesellen auf zu trinken.

Ich war ja schon auf die Kultur der Wandergesellen vorbereitet. Jetzt darf ich sie am eigenen Leib erleben, die sogenannte „Gastfreundschaft der Gesellen". Es ist ein Ritual zur Begrüßung Zugereister. Jeder anwesende Geselle muss dem neu Zugereisten ein Bier und einen Schnaps ausgeben. Zurzeit arbeiten hier in der Nähe von Rottweil an die zwanzig Wandergesellen, die sich jeden Samstagabend „auf dem Krug" – das heißt: in einer Gaststätte – treffen.

Anfangs hatte ich mich noch über die freien Getränke gefreut. Aber jetzt suche ich nach einem Ausweg. Die Gastfreundschaft der noch wartenden elf Gesellen würde ich wohl kaum überleben. Und ich weiß: Wenn ich betrunken am Tisch einschlafe, krieg ich die Haare geschnitten oder sogar eine Glatze rasiert. Und wenn es nach den Hartgesottenen geht, werde ich auch noch mit einem Nagel durchs Ohrläppchen am Tisch festgenagelt. Mir kommt die Idee, mit den anwesenden Wandergesellen zu verhandeln. Es funktioniert! Die restlichen Kameraden legen Geld zusammen und zahlen mir ein üppiges Abendessen.

Es ist schön, zusammen mit anderen „auf der Walz" zu sein – diese mir fremden Menschen haben mich freundlich behandelt und sogar ein bisschen verwöhnt. Das ist das Besondere an den Wandergesellen: Uns verbindet die Liebe zum Handwerk und zum Reisen.

Wir sind alle fern von zu Hause, daher bieten wir einander so etwas wie Familienersatz.

Am nächsten Morgen werde ich durch einen lauten Ruf aus dem Schlaf geschreckt: „Bitte ein Bier!"

Oh, mein Kopf! Schlaftrunken und völlig verkatert sehe ich mich im Zimmer um. Ich befinde mich in einem Gästezimmer unseres „Kruges". Da es an solchen Gesellenabenden oft feuchtfröhlich zugeht, schaffen es die Gesellen manchmal nicht mehr, nach Hause zu kommen. Andere reisen mit öffentlichen Verkehrsmitteln oder per Anhalter an und planen gleich eine Übernachtung ein.

Um mich herum zähle ich sechs weitere Gesellen, mehr oder weniger vollständig bekleidet: zwei auf dem Boden, einer auf dem Sessel, drei auf dem Doppelbett und ich mittendrin. Der Maurergeselle Norbert steigt gerade über die anderen hinweg zur Tür. Er hat mich durch sein Rufen geweckt und macht sich gerade auf den Weg in die Gaststätte, um einen Stiefel mit drei Litern Bier für die Gesellen zu holen.

Nach dem Frühschoppen an diesem Sonntagmorgen gehe ich nach draußen und atme gierig die frische Luft ein. Ein Raum mit sieben Gesellen, deren Ausdünstungen und dann noch die herumliegenden „Stinkerlinge", wie wir die Socken nennen … Die Luft in unserem Gästezimmer – zum Zerschneiden!

Erwins Buch

Gedankenverloren streune ich durch Rottweil. Eng drängen sich die schmalen Häuser mit ihren aufwendigen Fassadenschnitzereien aneinander. Irgendwie scheint das Mittelalter in dieser ältesten Stadt Baden-Württembergs noch lebendig zu sein.

In einem Ort wie diesem muss das Handwerk wohl eine besondere Rolle spielen, denke ich. Ob die Handwerker hier noch nach alten Techniken arbeiten? Vielleicht kann ich heute Abend beim Wandergesellentreffen danach fragen.

Doch bis zum Treffen ist noch viel Zeit. Da kommt mir der Flohmarkt in den engen Gassen gerade recht. Gern würde ich mir etwas kaufen. Doch was soll das sein? Was nutzt einem reisenden Handwerksgesellen? Ich habe mich immerhin zu einem ganz einfachen Lebensstil entschlossen. Zwei Paar Hosen, vier Hemden, etwas Unterwäsche und zwei Paar Schuhe, zähle ich meine Habseligkeiten zusammen. Es ist gut, dass ich keinen großen Kleiderschrank füllen darf. Jahre des Verzichts und der Entsagung, sinniere ich weiter.

Plötzlich bleibe ich stehen. Etwas hat meine Aufmerksamkeit erregt: Bücher, lauter Bücher. Bei näherem Hinsehen wird mir klar: An diesem Stand liegen überall Bibeln!

Ob ich mir das antun soll? Mein Lebtag habe ich noch nicht in einer Bibel gelesen. Vermisst habe ich es sicherlich nicht. Und Trost oder Zuspruch brauche ich im Moment eigentlich auch nicht. Mir sind spannende Berichte von Menschen aus dem wirklichen Leben lieber. O Mann, was ist der Verkäufer bieder angezogen!, schießt es mir durch den Kopf.

Der Mann, der vor mir steht und mich beobachtet, trägt eine braune Hose, ein Hemd und einen unscheinbaren alten Mantel. Für mich der Inbegriff des Gutbürgerlichen. Umso erstaunter bin ich, dass er mich anspricht: „Ich bin Erwin", stellt er sich unerwartet freundlich vor. Ausgesprochen interessiert fragt er, wie das Leben als Wandergeselle so ist.

Also erzähle ich, wo ich herkomme und was ich vorhabe. Dabei nehme ich eine der ausliegenden Bibeln in die Hand und stelle fest, dass sie in die Innentasche meiner Cordjacke passt. Damit ist die Entscheidung gefallen: Das Buch wird gekauft.

Während ich den ausgewiesenen Preis zahle, meint Erwin noch: „Weißt du, dieses Buch hat mein Leben total verändert!"

In den folgenden Tagen und Wochen lese und blättere ich immer wieder mal in meinem neuen Buch. Irgendwie habe ich aber keine Ahnung von den Hintergründen und Zusammenhängen. Ich verstehe nichts. Meist bin ich beim Lesen gelangweilt. Im Kreis der anderen Wandergesellen spotte ich deshalb gern über „die langweilige Schwarte". Doch sobald ich es allein in der Hand halte, denke ich an Erwins Satz: „Dieses Buch hat mein Leben total verändert!"

Party in Wien

Ein paar arbeitsfreie Tage und ein Konzertticket in der Tasche – was will man mehr!? Ich bin in Wien und freue mich auf das Konzert der Kölner Gruppe BAP um den Leadsänger Wolfgang Niedecken. Hier prallen zwei völlig verschiedene Mundarten aufeinander: Die Wiener mit ihrem speziellen Dialekt kommen, um den rheinischen Kölschrock zu hören.

„Verdamp lang her, dat ich fast alles ähnz nohm. Verdamp lang her, dat ich ahn jet jeljläuv un dann dä Schock, wie et anders op mich zokohm, merkwürdich, wo su manache Hass langläuf. Nit resigniert, nur reichlich desillusioniert. E bessje han ich kapiert.“

Auf Hochdeutsch heißt das: *„Verdammt lange her, dass ich fast alles ernst nahm. Verdammt lange her, dass ich an etwas geglaubt. Und dann der Schock, wie es anders auf mich zukam. Merkwürdig, wo so mancher Hase lang läuft. Nicht resigniert, nur reichlich desillusioniert – ein bisschen hab ich kapiert.“*

Für mich als Hesse ist es schon schwierig, die Bedeutung zu erkennen. Was muss das erst für einen Wiener bedeuten? „Des find i leiwand!", höre ich einige Wiener mehrmals sagen und sehe mich in der Halle vergeblich nach einer Leinwand um. Erst später erfahre ich, dass „leiwand" vorzüglich, großartig, ausgezeichnet bedeutet.

Nach viel Singen und Tanzen in der Konzerthalle lande ich spät in einem Wiener Café. Ob sich wohl ein Gast erbarmt und mir eine Übernachtung anbietet?, hoffe ich. Ich weiß wirklich nicht, wo ich heute Nacht „Platte reißen", also übernachten kann.

Ich komme mit einer hübschen jungen Frau namens Anke ins Gespräch. Kurze Zeit später sitzen wir gemeinsam im Taxi, unterwegs in den Zehnten Bezirk. Sie hat mich eingeladen, bei ihr und ihrem Mann zu übernachten. Eine Altbauwohnung, ein Wohnzimmer, eine schmale Matratze, auf der ich schlafen darf. Das Klo ist im Flur und wird von allen Mietern auf dieser Etage genutzt. Sie zeigt mir noch kurz, wo was zu finden ist. Bald darauf schlafe ich dankbar in meinem Schlafsack ein.

Wo bin ich hier gelandet?, frage ich mich, als leises Geschirrklappern mich weckt. Verschlafen recke ich mich. Ich brauche einen Moment, um mich zu sammeln. Beim Frühstück laden Anke und ihr Mann Thomas mich ein, das ganze Wochenende bei ihnen zu bleiben. Dann gehen beide zur Arbeit. „Fühl dich wie zu Hause!", ermutigen sie mich und drücken mir einen Wohnungsschlüssel in die Hand. Ich bin überrascht, dass mir dieses Paar so viel Vertrauen schenkt. Erst trinke ich noch gemütlich einen Kaffee, erledige den Abwasch und räume auf. Dann mache ich mich auf den Weg in die Stadt.

Ich schlendere durch Wien. Am Stephansplatz läuft ein sonderbarer alter Typ umher. Sein Körper ist in ein weißes langes Tuch gewickelt, auf seinem Kopf thront ein Kranz aus Zweigen und er hält einen Hirtenstab in seiner Hand. Es stellt sich heraus, dass dieser Mann „Waluliso" ist, ein einsamer Kämpfer und Wiener Friedensaktivist, der sich hoher Bekanntheit erfreut. Kämpferisch sucht er Einzelne und Gruppen auf, um seine Sache kundzutun. Wasser, Luft, Licht und Sonne sind seine Themen. Er spricht von Gott, der Natur und seinen Visionen. Alles geht friedlich vonstatten. Ziemlich rührig und irre, der Typ!

In der belebten Fußgängerzone begegne ich einem Rumänen. Er verkauft Marionetten, die er selbst angefertigt hat. Ich übernehme einige Verkaufsvorführungen für ihn. Aus dieser Aktion macht meine tolle Tracht eine Attraktion. Immer wieder bleiben Leute stehen und probieren selbst aus, wie die Marionetten funktionieren.

Abends stürze ich mich mit Anke und Thomas ins Wiener Nachtleben. Wir treffen mehrere ihrer Freunde, tanzen und singen in einigen Diskotheken und Clubs. Immer wieder begegne ich meinem neu erlernten Wort „leiwand". Langsam überkommt mich die Müdigkeit. Mensch, was können die feiern! Werden die denn nie müde?

Beim Verabschieden bin ich gedanklich schon beim Schlafengehen. Da bekomme ich mit, dass die anderen sich verabreden, die „leiwande Party" privat bei meinen Gastgebern fortzusetzen. Und so kommt es dann auch. Bei Thomas und Anke werden Snacks ausgepackt, Platten aufgelegt, es wird gesungen und getanzt. Ich bin voll dabei, meinen toten Punkt habe ich längst überwunden.

Im Morgengrauen finde ich mich vor dem Fernseher wieder. Da läuft ein ganz schräger Film, „Der Sinn des Lebens" von den Monty Pythons: Gelangweilt schwimmen sechs Fische in einem Aquarium umher. Sie begrüßen sich gegenseitig und einer fragt: „Was gibt's Neues?" Ein anderer antwortet: „He, guckt mal, Howard wird gegessen!" Die Kamera schwenkt und zeigt, wie einem Gast in einem Restaurant gerade ein Fisch, nämlich Howard, serviert wird. Einer der Fische aus dem Aquarium kommentiert: „Stimmt einen irgendwie nachdenklich! Ich meine, was ist der Sinn der ganzen Sache?" Ein anderer antwortet: „Frag mich was Leichteres!" Nun ertönt die Filmmusik: „Wozu leben wir? Wozu sind wir hier? Ist das Leben nur ein Spiel? Was ist das Leben? Heute Nacht finden wir es heraus."

Die Party bei Anke und Thomas klingt mit diesem skurrilen Film aus, der der Frage nach dem Sinn des Lebens nachgeht. In „Der Sinn des Lebens" werden Lebensweisen und Autoritäten lächerlich gemacht und Tabus gebrochen. Es geht unter anderem um die Institution Kirche, das Militär, Geld und Sex – wobei die Sinnsuche in jedem Fall scheitert. Dieser Film verfolgt mich noch lange.

Ich bin wieder auf der Straße mit dem Ziel, nach Salzburg zu trampen. Ein alter Opel hält, der Fahrer lädt mich mit einem freundlichen Nicken ein, zuzusteigen. Er sagt, er heiße Fred und werde von Wien über Linz nach Salzburg fahren. Allerdings müsse er noch kurz nach Hause, um ein paar Sachen abzugeben und zu packen. „Komm kurz mit hoch", lädt Fred mich ein, während er gekonnt sein Auto einparkt.

Die Wohnung befindet sich in einem älteren Wohnblock und ist klein und verwinkelt. Schon beim Eintreten stoße ich gegen ein altes Sofa, das im Flur steht. Das Schlafzimmer wird nur durch einen halb offenen Vorhang abgeteilt. Auf der anderen Seite geht es durch einen kleinen Gang zur Kochnische und zum Bad.

Fred stellt mir ein Glas Limonade auf den Fernseher hinter dem Vorhang und legt einen Film ein. „Ich gehe noch schnell duschen, mach's dir gemütlich!", ruft er mir zu und verschwindet.

Eigentlich will ich gar keine Limo. Und auf Fernsehen hab ich auch keine Lust. Aber um seine Gastfreundschaft nicht zu enttäuschen, setze ich mich vor den Kasten. Nach einigen Musikvideos in dürftiger Bildqualität sind plötzlich nackte Männer auf dem Bildschirm. Genau in diesem Moment betritt Fred den Raum. Er hat sich nur ein Handtuch um den Unterkörper geschlungen. Und das lässt er urplötzlich fallen. Ich springe auf und eile zur Haustür. Abgeschlossen!

„Schließ die Türe auf", schreie ich Fred an, „sonst trete ich sie ein!" Er kramt den Schlüssel raus. Ich schnappe mir mein Bündel vom Sofa und verschwinde.

Als ich wieder am Straßenrand stehe und auf eine Mitfahrgelegenheit hoffe, meine ich, ein Blubbern zu hören. Vor meinem inneren Auge laufen Filmszenen ab und ich höre, wie die Fische sich unterhalten: „Stimmt einen irgendwie nachdenklich! Ich meine, was ist der Sinn der ganzen Sache?"

Wanderburschen bringen Glück

Der süßliche, leicht herbwürzige Kräutergeruch von Cannabis-
rauch zieht durch die Gassen in Amsterdams Innenstadt. Ich betrete
einen der Coffeeshops, ein Café, in dem der Verkauf von Cannabis
geduldet wird. Da der Konsum von Marihuana hier legal ist, liegt
es so offen auf den Tischen und Theken, wie in Deutschland ein
Wein oder Bier dasteht. Dennoch traue ich mich nicht, öffentlich
von dem Shit zu rauchen.

An diesem Abend lande ich in einer Massenunterkunft für Ob-
dachlose, in der bis zu zweihundert Männer übernachten können.
Wie ich hierher geraten bin, weiß ich nicht. Mir wird ein Bett zu-
gewiesen, und der Leiter lädt mich ein, am nächsten Abend zu einem Treffen zu kommen. Ich solle – falls ich eine hätte – meine
Bibel mitbringen. Nachdem die Frage meiner Unterkunft für heute
Nacht gelöst ist, gehe ich noch einmal hinaus. Mein Bündel lasse
ich auf „meinem" Bett liegen. Die Wertsachen verteile ich auf meine Hosen- und Jackentaschen.

Am nächsten Abend beschließe ich, der Einladung des Leiters der
Massenunterkunft nachzukommen. So finde ich mich mit ihm und
acht etwas heruntergekommenen Obdachlosen in einem gemüt-
lichen Zimmer wieder. In einem Ofen in der Ecke knackt das Holz
im Feuer. Der Leiter hält eine Andacht. In der von ihm ausgesuch-
ten Bibelstelle geht um Gottes Liebe. Er spricht davon, dass es im
Leben immer wieder neue Chancen gibt … Na, hoffentlich! Vielleicht brauche ich die ja auch irgendwann?

Einige Tage später trampe ich nach Rotterdam. Auch hier gestaltet
sich die Suche nach einer Unterkunft schwierig. Die erste Nacht
verbringe ich in der Jugendherberge. Doch die Feiertage zum

Jahreswechsel stehen vor der Tür, und die Herberge schließt für ein paar Tage. Also streune ich am zweiten Abend ziellos durch die Straßen. Wo soll ich heute Nacht schlafen? Es ist kalt hier draußen!

Ich begegne Paolo, einem Chilenen, der dasselbe Problem hat wie ich. Wir beschließen, in eine Kirche zu gehen, von der wir wissen, dass wir dort kostenloses Essen und Trinken bekommen. Ein Bett für die Nacht finden wir leider nicht. Deshalb streifen Paolo und ich nach dem Essen durch dunkle Stadtviertel Rotterdams. Ich bin froh, dass ich meinen Stenz, den Wanderstab, dabeihabe. Mit dem könnte ich mich im Notfall verteidigen. Denn was ich hier sehe, erschreckt mich. Wir schlendern an größeren Gruppen von Leuten vorbei, die Marihuana aus der Flasche rauchen. Ungewöhnlich, aber wenn sie meinen …

Meine Blase meldet sich zu Wort und ich betrete eine öffentliche Toilette. Doch vor dem Anblick, der sich mir bietet, pralle ich zurück: Fixer setzen sich in der eiskalten Toilette Spritzen, Männer und auch Frauen. Sie sind kreidebleich. Auf dem Boden sehe ich Fixerbesteck und leere Spritzen. Einige der Süchtigen liegen regungslos in einer Ecke und haben noch die Spritze im Arm. Manche haben sich erbrochen. Das alles ist mir unheimlich. Schnell verlasse ich diesen Ort, da nehme ich lieber mit der „Natur" vorlieb. Doch auch draußen, an den Straßenecken, liegen Menschen in der Kälte auf dem nackten Boden. Zum Teil haben auch sie sich erbrochen und waren nicht mehr in der Lage, sich weiterzubewegen.

Wie erleichtert bin ich, als der Morgen graut! Bei Tageslicht traue ich mich, ein kurzes Nickerchen auf einer Parkbank zu halten. Obwohl ich erbärmlich friere, schlafe ich ein. Plötzlich werde ich unsanft geweckt. Vor der Parkbank stehen zwei Streifenpolizisten, die mich kontrollieren wollen und lästige Fragen stellen. Mann, es ist kalt, ungemütlich, ich bin müde und fühle mich ziemlich einsam. Leckt mich doch … schimpfe ich in Gedanken vor mich hin. Doch die Beamten lassen nicht locker, fordern mich auf, den Park zu verlassen. Was die wohl über meine Aufmachung denken? In meiner Wandergesellenkluft muss ich in ihren Augen sehr exotisch wirken!

Ich bin total übermüdet. So gehe ich schon morgens um halb neun zur Heilsarmee und bitte um eine Unterkunft. Doch es ist alles voll.

Verzweifelt klingle ich bei einem Hotel. Der Normalpreis liegt hier bei umgerechnet 40 DM die Nacht. Ein älterer Herr öffnet die Tür. Es ist der Besitzer. In ihm begegne ich dem ersten Holländer, der von den Wanderburschen weiß. Er stellt sich mit Ruud Voeten vor und meint nur: „Wandergesellen bringen Glück." Ich darf kostenlos bei ihm im Hotel wohnen bleiben. Dankbar nehme ich sein Angebot an und lege mich erst einmal schlafen.

Nach einer erfrischenden Dusche begebe ich mich auf Arbeitssuche. Ruud hilft mir dabei. Schon zwei Tage später kann ich in einem Betrieb namens „Het Grenenhuis" die Arbeit aufnehmen. Die Werkstatt ist klein, hat eine niedrige Decke und keine richtige Absauganlage. Zwei Wochen lang restauriere ich dort ältere Möbelstücke.

Eines Tages erzählt mir Ruud voller Freude, dass er heute wahrscheinlich sein Hotel verkauft, das er schon länger ausgeschrieben hatte. „Wanderburschen bringen eben Glück!", wiederholt er.

Im Hotel bei Ruud geht es mir sehr gut. Wenn ich Zeit habe, helfe ich ihm bei der Arbeit im Hotel. Wo ich danach hingehe, weiß ich noch nicht … Mir klingt der Liedtext von Hannes Wader im Ohr: „Heute hier, morgen dort, bin kaum da, muss ich fort. Hab mich niemals deswegen beklagt, hab es selbst so gewählt …"

Ende einer steilen Karriere

„Arschloch! Ich wünsch dir drei Tage Durchfall!", platzt es laut aus mir heraus. Es ist so frustrierend, bei diesen eisigen Temperaturen zu trampen! Die Fahrer sitzen gemütlich im warmen Auto und mir dringt hier auf der Straße die Kälte bis in die Knochen. Ständig muss ich mich vor dem Schneematsch, den die Fahrzeuge aufspritzen lassen, in Sicherheit bringen.

Eine Blondine mit zwei Kindern auf dem Rücksitz grinst mich durch die Windschutzscheibe an. Ihr Beifahrersitz ist frei. In einem mit Coca-Cola-Werbung überzogenen VW-Passat sitzt ein Außendienstler. Er weicht meinem Blick aus, sieht in die andere Richtung und fährt vorbei.

„Du Arschloch! Ich wünsch dir drei Tage Durchfall!", fluche ich immer wieder den Vorbeifahrenden hinterher.

Ich befinde mich auf dem Weg nach Österreich. Nachdem ich telefonisch erfahren habe, dass mein Onkel Helmut mit Familie und Freunden zum Skifahren in Vorarlberg ist, bin ich spontan gen Süden aufgebrochen. Irgendwann – als ich schon alle Hoffnung aufgeben will – werde ich endlich von einem mitleidigen Autofahrer mitgenommen.

Eine idyllische Winterlandschaft breitet sich vor mir aus: Schneebedeckte Felder glitzern im Sonnenlicht. Darüber wölbt sich ein strahlend blauer Himmel. Frisch gefällte Holzstämme liegen abseits der Straße. Sie sehen aus wie mit einer dicken Schicht Puderzucker verziert.

Im verträumten Schruns treffe ich meinen Onkel samt Familie und Freunden. *Endlisch konn isch mol widder so rischtisch hessisch heere un babbele*, freue ich mich.

„Du musst unbedingt Ski fahren!" – „Kannst du eigentlich Ski fahren?" – „Wir besorgen dir eine Skiausrüstung!" Alle reden gleichzeitig auf mich ein.

„Ich bin ein blutiger Anfänger", gebe ich zu. „Glaubt ihr wirklich, dass das eine gute Idee ist? Ich hab ja nicht einmal wasserdichte Klamotten!"

Aber die Familie gibt keine Ruhe und ihre Begeisterung ist ansteckend. Es reizt mich, auf Skiern die verschneite Piste hinunterzusausen. Es muss ein wunderbar freies Gefühl sein.

Wir finden eine einfache Lösung: Ich lasse meine Kleidung an – wasserdicht hin oder her – und bekomme die Skiausrüstung dazu. So finde ich mich unverhofft auf dem Berg wieder – mit Schlapphut, Hemd, Weste, Cordjacke, Zunfthose mit weitem Schlag, Skischuhen und Skiern. Mein Stenz wird durch zwei Skistöcke ersetzt. Mit weichen Knien stehe ich auf der Piste, bereit zu steilen Abenteuern.

Ab geht's! Ich fahre einfach drauflos. Doch ich fühle mich nicht nur wie ein Pistenschreck, ich bin auch einer. Allerdings lerne ich unter Anleitung von Helmut und seiner Frau recht schnell. Am zweiten Tag ernte ich Lob von allen Seiten. Vom Pistenschreck zum Star mit großer Zukunft? Das ist mein Ding! Offenbar habe ich Talent, denke ich schon am dritten Tag und fange an, von einem Profivertrag zu träumen.

Am vierten Tag beraubt mich ein Ausflug in den Tiefschnee schlagartig aller meiner Träume. Ich verliere die Kontrolle und stürze. Die Skier lösen sich, setzen die Fahrt aber fort und gleiten über mein Gesicht. Noch bevor ich den Schmerz spüre, sehe ich, wie mein Blut dunkelrot in den weißen Schnee tropft. Die Familie eilt herbei und erklärt mir, dass ich zwei Schnittwunden an der Nase und der Stirn habe. Ich muss ins Krankenhaus, um mich behandeln zu lassen.

„Hochmut kommt vor dem Fall!" Was ich schon öfter gehört habe, muss ich jetzt schmerzhaft am eigenen Leib erfahren. Meinen Traum von einer Karriere als Wintersportler kann ich begraben. Mit Pflastern im Gesicht widme ich mich nun den weniger gefährlichen Dingen des Lebens und spiele Schach.

Schwyzerdütsch und andere Hindernisse

Zwölf Absagen hintereinander! Wie schwer kann es sein, in Sankt Gallen einen Job zu bekommen? Noch dazu, nachdem ich durch persönliche Empfehlungen auf manche Betriebe gekommen bin ... So was von frustrierend, denke ich.

Ganz leer bin ich bei meiner bisherigen Suche allerdings nicht ausgegangen. Zwei Meister haben mir wenigstens eine Wegzehrung mitgegeben. Bei fünf anderen habe ich „schmalgemacht" und ein paar Schweizer Franken erbettelt.

Nummer dreizehn. Ich atme einmal tief durch und öffne die Tür zur Schreinerei „Cantieni". Beim Betreten der Werkstatt fällt mir auf, wie ordentlich es hier ist. Herr Cantieni, der Meister, hat noch keine Erfahrungen mit Wandergesellen gemacht. Doch er lässt sich auf das Wagnis ein und stellt mich an.

Mit meinem neuen Kollegen Reto arbeite ich in den nächsten Tagen am Innenausbau auf einer Baustelle. Die Verständigung mit ihm ist nicht ganz einfach. Ich habe Probleme, sein Schwyzerdütsch zu verstehen. Zum Beispiel bittet er mich: „*Chlaus, chilf mer emal. Nimm mer dr Chobel und dr Schpeitl ab. Wier chei hie obena äs grossus Problem. D' Cholzverchleidig touchiert de Liechtschalter. Da ischt eppies nid passend. Des berchome wer nid so eifach in de Chriff. Wier sellti dum Chef alite. Är ched di Verchledig ursgmässer und vorberietet. Äs we ds' Beschta, wem är das emal sälbst aluegt. Was meinscht du? Ubrigens: chet das mt dum Rieblichuechu gichlabbt? Icht är gratu? Chet är gschmäckt? Isch är gut gsie?*"

Auf Hochdeutsch heißt das: „Klaus, hilf mir mal. Nimm mir bitte den Hobel und das Stemmeisen ab. Wir haben hier oben ein großes Problem. Die Holzverkleidung stößt an den Lichtschalter. Da passt was nicht. Das kriegen wir nicht so einfach hin. Wir sollten den

Chef anrufen. Er hat die Verkleidung ausgemessen und vorbereitet. Es wird das Beste sein, wenn er sich das selbst mal anschaut. Was meinst du? Übrigens, wie hat das mit deinem Karottenkuchen geklappt? Ist er gelungen? Hat er geschmeckt?"

Immer wieder bitte ich Reto, er möge mit mir Englisch sprechen, weil ich das besser verstehe als sein Schwyzerdütsch. Doch er nimmt mich in eine harte Schule, und im Lauf der Zeit verstehe ich diese Sprache mit ihren mir fremden Lauten und der ungewohnten Sprachmelodie immer besser.

Nun habe ich die Hürde der Arbeitssuche und der Sprache genommen. Doch die Schwierigkeit meiner Selbstversorgung bleibt. Ich habe ein möbliertes Zimmer in St. Finden – einem Stadtteil Sankt Gallens – angemietet. Frau Cantieni leiht mir eine elektrische Kochplatte, Töpfe und Pfannen.

Leider sind meine Kochkünste nicht gerade berühmt, und so übe ich mich meist darin, Pfannkuchen zu backen und im Wurf zu wenden. Ich begeistere mich für diese Kunst und versuche, alle Faktoren für den gelungenen Pfannkuchen zu perfektionieren: Der Teig muss die richtige Konsistenz haben. Die richtige Menge Fett, damit sich der Teig gut löst, das Fett beim Landen aber nicht spritzt. Die rechte Hand lockern und los geht's! Nach einem doppelten oder dreifachen Salto landet der Pfannkuchen wieder in der Pfanne – jedenfalls meistens.

Ich freue mich so an meiner Wurftechnik, dass ich auch nachts um drei, nach der Rückkehr vom Nachtleben, noch backe und jongliere. Doch auf Dauer merke ich, dass es meinem Körper nicht guttut, immer nur von Pfannkuchen zu leben. Und sehen, geschweige denn riechen, kann ich sie langsam auch nicht mehr …

Draußen ist es noch sehr kalt. Ich hoffe, dass der Frühling bald einzieht, doch im Moment herrscht hier noch der Fasching. Ich gehe hinaus in die Gassen, um mir das bunte Treiben anzusehen. Gruppen verkleideter Leute sind als „Guggemusiker" unterwegs und spielen Blasmusik. Sie spielen auf besondere Weise „schräge" Töne.

Mit viel Können wird knapp neben der Melodie her gespielt. Diese ist zwar noch zu erkennen, klingt aber sehr schief. Der Rhythmus wird durch Bläser und Trommler stark dominiert, sodass in den Straßen mitreißende Musik erklingt. Spontan kommt es zu Straßenkonzerten und Leute tanzen dazu.

Einige Wochen später treffe ich jemanden, der mir sehr seltsam vorkommt. Es ist Freitag nach Feierabend. Ich mache ein paar Besorgungen im Reformhaus und bummle noch ein wenig durch die Fußgängerzone.

An einer Kreuzung steht ein Mann und hält eine Ansprache. Er ist etwa fünfundvierzig Jahre alt, hat schwarze, leicht gelockte Haare und trägt eine Umhängetasche. Das Ungewöhnliche: Er liest aus der Bibel vor. Ich setze mich auf die Fensterbank eines Schaufensters und höre diesem Typen zu. Gott, Liebe, Leben und Verantwortung sind seine Themen. Kein anderer Passant bleibt stehen, allerdings machen sich mehrere Teenager im Vorbeigehen über ihn lustig. Nach einer Weile kommen Jugendliche mit Fahrrädern und stellen sich in sicherem Abstand vor dem Mann auf. Auch sie äffen ihn nach und lachen ihn aus. Einige nehmen mit den Rädern Fahrt auf, fahren dicht an ihm vorbei und spucken. Andere werfen mit kleinen Steinen nach ihm.

Wie sich die Situation wohl entwickelt? Neugierig bleibe ich sitzen. Der Mann lässt sich nicht beirren. Ganz gelassen und frei redet er weiter. Die Jugendlichen verschwinden erst, als sie von Fußgängern zurechtgewiesen werden.

Kurz nachdem der Redner seine Ansprache beendet hat, kommt er auf mich zu. Freundlich und interessiert fragt er, was ich von Beruf bin, wo ich arbeite und wie lange ich schon auf Wanderschaft bin. „Ziemlich verrückt, was du da machst", sagt er.

„Und du? Was machst du denn so?", frage ich ihn.

„Ich bin Verkündiger des Herrn!", antwortet er.

„Wie muss ich mir das vorstellen?", will ich wissen.

„Na ja, ich predige das Evangelium. Das hast du ja eben gehört und gesehen."

„Kannst du davon leben? Was verdienst du dabei?", hake ich nach.

„Ach, Gott versorgt mich!", ist seine Antwort.

Doch ich lasse nicht locker: „Wie geht das denn?"

„Gerade letzte Woche ist mein Kühlschrank kaputtgegangen. Da hab ich Gott darum gebeten, mir zu helfen und mich zu versorgen. Mit Menschen habe ich nicht darüber gesprochen. Drei Tage später klingelt es an meiner Tür. Zwei Unbekannte bringen einen neuen Kühlschrank. Sie stellen ihn in meine Wohnung und verschwinden sofort wieder!"

Schräger Typ. Der Kerl ist ja völlig durchgeknallt! Während ich weiterbummle, drehen sich meine Gedanken um diesen Mann und seine Überzeugungen.

So exotisch die Schweiz anfangs auch auf mich gewirkt hat – ich will mehr! Mein Wunsch, andere Kulturen zu entdecken und hautnah zu erleben, wächst. Es drängt mich, weiterzuziehen. Möglichst in wärmere Gefilde, die Sonne im Gesicht und im Hemd herumlaufen, statt hier zu frieren.

Von Sankt Gallen aus reise ich über Österreich nach Jugoslawien, dann über Bulgarien in die Türkei. Meine Route lege ich dabei so, dass ich berühmte, sehenswerte Städte besuche: Belgrad, Nis, Pristina, Sofia, Istanbul. Ich überquere den Bosporus und betrete damit Asien. Eine Weile ziehe ich an der Schwarzmeerküste entlang, dann geht mein Weg über Ankara quer durch das Landesinnere Richtung Vansee.

Über das wilde Kurdistan

Ich lehne meinen Kopf an die Fensterscheibe des Fernbusses. Die eingängigen Melodien und Rhythmen türkischer Musik, die schon seit Stunden spielt, haben sich in mein Ohr geschlichen und scheinen in meinem Kopf so viel Platz einzunehmen, dass ich langsam in einem Trancezustand versinke.

Wir befinden uns auf einer Höhe von 1600 Metern über dem Meeresspiegel und fahren Richtung Iran. Zum Glück konnte ich einen guten Platz in den vorderen Reihen ergattern. So genieße ich die vorbeiziehende bergige Landschaft. Neben mir sitzt ein junger Mann, der versucht, meine Kenntnisse der türkischen Sprache zu verbessern.

Plötzlich liegt er vor mir: der größte See der Türkei. Der Vansee bietet einen beeindruckenden Anblick. Mit seinen fast 4000 Quadratkilometern Oberfläche reflektiert er das Blau des Himmels. An drei Seiten wird er von schneebedeckten Bergen eingerahmt, und hinter der breitesten Stelle, die fast 120 Kilometer misst, kann man das andere Ufer nur erahnen.

Ich suche mir eine billige Absteige in Tatvan, einem Ort direkt am Wasser. Mein Zimmer hat nur ein kleines Fenster. Daher steige ich auf das Flachdach des Hauses, von wo aus ich gute Sicht auf den Vansee habe. Ich drehe mich um und betrachte den Vulkanberg Nemrut, der im Nordwesten in die Höhe ragt. Sein Anblick fasziniert mich. Bleib nur weiter ruhig, morgen komme ich dir näher!, denke ich.

Ich gehe früh schlafen, um am nächsten Morgen fit für meinen Ausflug zu sein. Schon vor fünf Uhr früh beginnt mein Aufstieg auf den Nemrut. Vor mir erstreckt sich der Berghang mit trockenem Geröll und Gestein. Schatten gibt es nicht. Doch obwohl die Sonne scheint, bleibt es kalt. Ich komme nur mühsam voran, und schon bald beginne ich zu zweifeln: Hier sieht alles so trostlos aus … Ob sich der Aufstieg wirklich lohnt? Ich wende mich nach Osten und lasse meinen Blick auf dem Vansee ruhen. Das Innehalten und Ruhigwerden verleiht mir neuen Mut.

Während ich meinen Weg fortsetze, spüre ich, wie die Sonne an Kraft gewinnt. Bald entdecke ich, dass ich nicht allein unterwegs bin. Der warme Sonnenschein hat kleine Schildkröten herausgelockt, die sich elegant zwischen den Steinen fortbewegen. Anfangs waren es nur vereinzelte kleine Landschildkröten, aber jetzt wimmelt es geradezu von diesen Kreaturen.

Ganz oben auf über 3000 Metern Höhe angelangt, blicke ich vom Rand des Vulkankraters hinunter und traue meinen Augen nicht: Der Vulkan ist innen hohl. Der Kraterkessel hat einen Durchmesser von ungefähr sieben Kilometern. Fast die Hälfte des Kessels ist mit einem großen See und zwei Nebenseen ausgefüllt. Ich erkenne die Spuren des nahenden Frühlings: Gräser und Büsche werden langsam grün, und am Kraterhang grasen zottelige Schafe mit langem Fell und schwarzen Gesichtern. Wieder einmal bin ich völlig überrascht vom unerwartet Großen und Schönen. Gefühle steigen in mir auf, die ich nicht richtig erfassen kann. Freude? Ehrfurcht? Dankbarkeit? Ich weiß nur, dass mein Inneres angefangen hat zu singen.

Beim Abstieg in das Kraterinnere begegne ich dem Hirten der Schafe, die ich eben entdeckt habe. Er hat genauso wilde, zottelige Haare wie seine Tiere und ist in eine dicke Jacke und ein Tuch eingemummelt. Jung ist er, noch keine zwanzig. Vermutlich gehört er zu einem Nomadenvolk. Nach den türkischen Begrüßungsformeln ist aufgrund unserer Sprachbarriere leider kein Gespräch mehr möglich. Gerne wüsste ich mehr über seine Welt, wie er lebt, was er denkt.

Ich mache ein Bild von ihm mit einem seiner Schafe. Dann setzen wir uns nebeneinander, blicken auf seine Herde und in den Krater. Mit meinem Schweizer Taschenmesser schneide ich ein Stück Brot und einen Apfel entzwei und gebe ihm jeweils die Hälfte. Das Messer begeistert ihn. Ich lege es in seine Hand, damit er es sich genauer ansehen kann. Doch jetzt macht sich der Unterschied zwischen unseren Kulturen bemerkbar: Mir wird bewusst, dass er mein Messer behalten will. Nach den Gepflogenheiten seiner Kultur müsste ich ihm das Messer wohl geben, wenn er deutlich zeigt, dass es ihm gut gefällt – und ich habe es ihm eben in die Hand gelegt! Zum Tausch gibt er mir ein buntes Tuch. Doch das Taschenmesser ist mir sehr wichtig. Ich fordere ihn mit Gesten auf, es herauszugeben. Es kommt zu einem nonverbalen Streit: ich mache eine Bewegung auf ihn zu, er weicht zurück und macht eine abwehrende Geste. Nach einer kleinen Rangelei hat er sein Tuch und ich das Messer wieder.

Verärgert und irritiert gehe ich meines Weges. Ab und zu blicke ich über meine Schulter zurück. Kommt er mir nach? Nein, ich glaube nicht. Was war da eben los? Dass eine gute Situation so schnell entgleisen kann! Vorhin habe ich mich noch sicher gefühlt, und jetzt ist mir bewusst, wie einsam es hier draußen ist. Eine Rangelei mit Messer … nicht auszudenken! Ich muss in Zukunft vorsichtiger sein!

Rockerparty und sprechende Balken

Bässe wummern, ab und zu schallt verzerrter Gesang zu mir. Und das mitten auf dem Land, wo weit und breit kein Haus ist! Ich tippele durch eine sehr ländliche Gegend und kann nicht so recht einordnen, was da wohl los ist.

Ich bin wieder zurück in Deutschland, in der Nähe von Hannover. Nachdem ich einige Zeit in Griechenland umhergezogen bin und dort auch gearbeitet habe, habe ich den Rückweg angetreten. Meine Reise hat mich quer durch Europa geführt: zurück durch Jugoslawien und Österreich, mit einem anschließenden Schlenker über Osteuropa, durch die Schweiz, Frankreich, England, Holland und Belgien. Es ist schön, meinen Weg ganz frei gestalten zu können, ich darf mir jeden Weg und Umweg erlauben. Nun streife ich durch mein Heimatland.

Die Musik wird immer lauter, und bald darauf entdecke ich ein großes Feuer. Auf einer abgelegenen Wiese findet eine „Rockerparty" statt. Einige Motorräder stehen am Rand der Wiese. Weitere Biker kommen an und bestaunen gegenseitig ihre Maschinen. Etwas abseits am Waldrand dröhnt ein Generator. Drei Biker in Lederjacken kommen mir entgegen. Ich fühle mich nicht gerade wohl in meiner Haut, aber die Männer laden mich freundlich ein, mit ihnen zu feiern.

In einem kleinen Festzelt gibt's Bier, Fleisch,Wurst, laute Hardrock-Musik und Gespräche. Die Typen sehen allesamt ziemlich bleich aus. Bis auf ein Mädchen, das mir auffällt. Immer wieder geht mein Blick zu dieser attraktiven „Rockerbraut". Ein Biker namens Rick bemerkt das wohl, er schaut mich immer ernster und grimmiger an. Mir wird es mit jedem Blick ungemütlicher. Ich denke daran, welche Gruppendynamik unter Alkoholkonsum entstehen kann, und mir wird richtig mulmig. Ich verzieh mich lieber! Zurückhaltend verabschiede ich mich. Nach einem weiteren Fußmarsch übernachte ich in einem Waldstück.

Am nächsten Tag erreiche ich die Stadt Celle, nordwestlich von Hannover, eine der größten Städte Niedersachsens. Die Idylle hier steht im krassen Kontrast zur Party letzte Nacht: Schwäne und Enten paddeln in der Aller, einige Pärchen liegen am Grasufer und lassen sich von der Spätsommersonne bescheinen. Alles wirkt ruhig und friedlich. Ich suche das Rathaus, um mir einen Stadtplan zu besorgen. Der Nordgiebel dieses geschichtsträchtigen Gebäudes beeindruckt mich. Er ist auffällig reich verziert – für mich ein Inbegriff von Handwerkskunst. Ich hoffe, heute noch den Altgesellen Wilhelm (einen Wandergesellen, der sich niedergelassen hat) und ein paar andere Wandergesellen hier in Celle anzutreffen.

Während ich durch die historische Altstadt schlendere, bestaune ich die vielen Fachwerkhäuser mit ihren vorgebauten Erkern und Verzierungen. Mein Handwerkerherz lacht. Doch gleichzeitig habe ich den Eindruck, dass die Balken der Fachwerkhäuser zu mir sprechen. Immer wieder bleibe ich länger vor einem Fachwerkhaus stehen und versuche, die großen goldenen Buchstaben auf den Balken zu entziffern. Zum Teil gelingt mir das ganz schnell, aber einige Male dauert es länger, bis ich Text und Bedeutung entschlüsselt habe.

„Ich will den Herrn loben so lange ich lebe vnd meinem Godt Lob singen weil ich hie bin" erklärt sich fast von selbst, da sind keine großen Unterschiede zum heutigen Deutsch.

Schwieriger ist da schon das: „Der an den Sohn gelevetbet der hat das ewich Leb". Als ich versuche, mir den Text laut vorzulesen, verstehe ich: „Wer an den Sohn glaubt, der hat das ewige Leben."

Ganz knackig wird es bei folgendem Spruch: „Wol in Godt vortrvet de heft wol gebvet im Himmel vnd avd Erden". Was soll das denn heißen? Vielleicht: „Wer auf Gott vertraut, der hat wohl Gebet im Himmel und auf Erden?" Das ergibt keinen Sinn! Ich notiere den Satz, und beim Abschreiben wird mir die Bedeutung bewusst. Es heißt: „Wer auf Gott vertraut, der hat wohl gebaut im Himmel und auf Erden."

Die Balken reden aus längst vergangenen Zeiten. Sie sprechen aus einer anderen Welt in meine Wirklichkeit. Dieses „hölzerne Reden" über Gott und Jesus klingt fremd in meinen Ohren. Es passt gar nicht zu der grellbunten Werbung an den Häusern und dem geschäftigen Treiben in der Fußgängerzone. Hier prallen Tradition und Moderne aufeinander. Aber eigentlich bin auch ich solch ein Fremdkörper: ein Wandergeselle in alter Tracht, der doch modern reisend unterwegs ist.

Tolle Scheniegelei

Einige Gesellen, mit denen ich in Celle Kontakt habe, geben mir Adressen von Tischlereien in der Umgebung. Ich suche eine Schreinerei auf, die sich an der Hauptstraße der kleinen Ortschaft Eschede befindet. Als ich dort ankomme, stelle ich fest, dass sie geschlossen ist. Doch Nachbarn verraten mir, wo der Chef wohnt. Ich treffe ihn vor seinem Privathaus an und spreche zünftig vor: „Hoch lebe das ehrbare Handwerk. Mit Gunst und Verlaub. Rechtschaffener fremder Tischlergeselle, zünftig drei Jahre und einen Tag auf der ehrbaren Wanderschaft, bittet beim ehrbaren Meister um Arbeit!"

Der junge Chef, Dietmar Trotnov, sagt mir gleich zu. Ich soll erst einmal ein oder zwei Tage zur Probe arbeiten. Fröhlich mache ich mich auf, um eine Unterkunft zu suchen. Und tatsächlich finde ich eine günstige Pension. Heute klappt aber auch alles!

Als ich am nächsten Tag meine Arbeit antrete, liegen bereits die Pläne für einen Wintergarten bereit. Ich spreche die Sache mit dem Chef durch, mache einen Aufriss und richte Holz. Aufgrund der Balkenlänge muss ich einen Teil im Freien bearbeiten. Dietmar drückt mir einen langstieligen Dechsel in die Hand und weist mich in den Umgang ein. Mit dem Werkzeug kann ich aufrecht auf den Balken stehend größere Spanmengen abnehmen. Das erleichtert und beschleunigt das weitere Arbeiten.

An den Wochenenden bin ich regelmäßig bei den Gesellentreffen in Celle und in einer Diskothek namens „Europa 2000". Dietmar vertraut mir immer wieder seinen Firmenwagen, einen beigefarbenen Transporter, und einige Pink-Floyd-Kassetten an. Ich weiß dieses Vertrauen zu schätzen und werfe bei Wochenendausflügen zur Sicherheit immer meinen Schlafsack ins Auto – für den Fall, dass ich Alkohol trinken sollte.

Mein Bruder Markus besucht mich und begleitet mich zu einem der wöchentlichen Gesellentreffen. An diesem Abend wird auf zünftige Weise die neue „Kluft" (die Tracht eines Gesellen) eingeweiht. Das Ritual sieht so aus: Der stolze Besitzer gibt zu diesem Anlass mehrere Humpen Bier aus. Mit dem Zollstock rührt er kräftig in einem Humpen, sodass ordentlich Schaum entsteht. Diesen Schaum streicht er mit dem Zollstock auf alle Teile der neuen Tracht. Anschließend trinken, singen, klatschen und klönen wir noch lange.

Der Besuch von Markus erinnert mich an zu Hause. Kurz vor meinem Weggang hatte ich eine Massivholzküche für meine Eltern angefertigt und eingebaut. Schon länger trage ich mich mit dem Gedanken, diese tolle Küche mit einer Holztruhe zu ergänzen. Nun bleibe ich nach Feierabend öfter in Dietmars Werkstatt und fertige eine massive Eichentruhe an. Um einen halbrunden Deckel herzustellen, fräse ich Leisten schräg. Im Inneren erhält die Truhe einen Schubkasten. Mein Onkel Helmut soll das gute Stück später abholen. Ich genieße es, einen so befriedigenden Beruf auszuüben!

Nach der schönen Aufgabe mit dem Wintergarten fordert Dietmar mich heraus: Ich soll eine achtzig Quadratmeter große Massivholzdecke anfertigen. Dafür muss ich mir überlegen, wie die Decke abgehängt und angebracht werden kann. Nach einigen Tagen kommt mir die zündende Idee. Ich entwickle eine Unterkonstruktion mit System. Dickere Latten nute ich beidseitig, ich kerbe also eine lange Vertiefung in die Latten. Beim Befestigen werden rechtwinklige Sperrhölzer in diese Vertiefungen eingeleimt. Die Kassettendecke selbst wird aus massiver Kiefer mit abgeplatteten Füllungen hergestellt. Dabei verleime ich alle Füllungen und Rahmen selbst. Wochenlang ist die Werkstatt von dem angenehmen Kiefernholzduft durchdrungen.

Tolle Scheniegelei!, freue ich mich. Ganz automatisch denke ich in Begriffen der Wandergesellen: *Scheniegelei* heißt Arbeit.

Jetzt hör ich auf!

Schon bald nach meiner Einstellung bei Dietmar lerne ich Carsten kennen. Er macht Gelegenheitsjobs in der Schreinerei. Seit ein paar Tagen arbeiten wir zusammen an einem Auftrag. Mitten in der Arbeit hält Carsten inne und meint: „Du, wir kommen doch gut miteinander aus. Willst du nicht bei mir wohnen? Dann könntest du aus deiner Pension ausziehen und dich an meiner Miete beteiligen. So kommst du sicher billiger weg. Was meinst du?"

Ich willige ein und ziehe zu Carsten.

In den nächsten Wochen erfahre ich mehr über meinen Mitbewohner: Carsten war über ein Jahrzehnt alkoholabhängig. Neben seinem Bett stand immer eine Kiste Bier, von der er drei Flaschen trank, noch ehe er morgens aufstand. Dazu rauchte er drei Zigaretten. Jahrelang war das sein morgendliches Ritual. Doch kurz vor unserem Kennenlernen hat er eine Entziehungskur gemacht und sich selbst gesagt: „Jetzt hör ich auf!" Und doch fordern die Jahre der Abhängigkeit ihren Tribut. Er ist sehr ausgemergelt und zittrig. Auch wenn er keinen Alkohol mehr trinkt – er raucht immer noch wie ein Schlot.

Carsten ist begeisterter Pilzsammler. Auch heute bringt er wieder seine reiche Beute in einem Korb nach Hause und bereitet sie für uns zu. Dabei erklärt er mir, warum man diese Pilze essen kann und jene nicht, und reißt Witze über die Möglichkeit, doch einen giftigen erwischt zu haben. Er amüsiert sich, dass ich beim Essen so verunsichert wirke. Jedenfalls bin erleichtert, als ich am nächsten Morgen doch noch aufwache!

Es ist nicht einfach, mit einer Person wie Carsten zusammenzuwohnen. Ich erlebe, wie er ständig Versuchungen ausgesetzt ist. Fast täglich kommen seine alten Kumpels mit Sixpacks Bier und

Spirituosen und klopfen Sprüche. „Eh, Carsten, sieh es nicht so eng! Einen kannst du doch mal mittrinken! Meinst du, du bist jetzt was Besseres? Seit du aufgehört hast zu trinken, bist du so komisch! Komm, lass uns wieder einen trinken …" Währenddessen läuft ununterbrochen der Fernseher und die Luft im Wohnzimmer könnte man zerschneiden vor lauter Zigarettenqualm.

Diese Besuche lösen gemischte Gefühle in mir aus: Carsten tut mir leid, weil ich den Verdacht habe, dass seine sogenannten Freunde ihn nur ausnehmen. Für mich ist es unter diesen Umständen nur eine Frage der Zeit, bis Carsten wieder dem Alkohol verfällt, und das macht mir Angst. Die Atmosphäre in der Wohnung ist manchmal ziemlich bedrückend. Ich versuche, Carstens Kumpels gegenüber freundlich zu bleiben, doch sie stören auch meine Privatsphäre. Und so fliehe ich oft mit Carstens Hündin Jana auf lange Spaziergänge.

In den drei Monaten, in denen wir zusammenwohnen, bleibt Carsten standhaft und rührt keinen Alkohol an. Wie es wohl mit ihm weitergehen wird?, frage ich mich bei meiner Abreise.

Als ich Dietmars Werkstatt verlasse, schreibt der Chef ein kurzes Zeugnis in mein Wanderbuch: „Der fremde Tischlergeselle Klaus Deckenbach arbeitete die letzten drei Monate in meiner Tischlerei. Seine Arbeitsleistung und Zuverlässigkeit waren zu meiner vollsten Zufriedenheit. Es war einfach allererste Sahne!"

Auf nach Afrika!

„Also, abgemacht: zusammen bis Namibia oder Südafrika, je nachdem. Und zwar durch dick und dünn!" Dieses Versprechen mache ich dem „rechtschaffenden fremden" Tischlergesellen Uwe, und er mir. Ich habe ihn schon ein paar Monate zuvor kennengelernt, und wir beschlossen, gemeinsam ins südliche Afrika zu reisen. Bis dahin liegen etwa zwölftausend Kilometer vor uns.

Da sich auch in Afrika ehemalige Wandergesellen niedergelassen haben, stehen uns je eine Kontaktadresse in Südafrika und in Namibia zur Verfügung. In einer Fachzeitschrift habe ich ein Stellenangebot und somit eine weitere Kontaktadresse in Namibia entdeckt.

Unabhängig voneinander sparen wir Geld, lassen uns impfen und besorgen Reisepässe. Gemeinsam schaffen wir uns ein Zelt und zwei kleine Wassersäcke an. Dann geht es los: Über Nürnberg, München, Wien, Neapel und Palermo trampen wir bis ganz in den Süden Siziliens. Von dort aus verlassen wir Europa auf einer Autofähre in Richtung Nordafrika. Ich stehe an Deck der Fähre und platze fast vor Vorfreude. Das Blut scheint in meinen Adern zu pochen. Afrika! Was mich da wohl alles erwartet?

Während der zehnstündigen Schifffahrt unterhalten wir uns mit anderen Reisenden, wodurch meine Vorfreude noch wächst. Wir lernen Dirk kennen. Er ist Deutscher und hat schon öfter gebrauchte Autos nach Niamey in den Niger gebracht. Dirk macht uns ein Angebot, das ich gar nicht fassen kann: „Ihr Handwerksburschen könnt mit mir kommen! Die Fahrt geht von Tunis über Algerien durch die Sahara in den Niger."

Eine Mitfahrgelegenheit durch die Sahara, die größte Wüste der Erde! Die nächsten drei- bis viertausend Kilometer sind gesichert.

Einfach so. Wir können sie mit einem erfahrenen Reisenden zurücklegen. Super!

Nachdem wir in Tunis angelangt sind und wieder festen Boden unter den Füßen haben, erkundigen wir uns nach den Einreisebedingungen für Algerien und Niger. Unsere Hoffnungen finden jedoch ein jähes Ende: Deutsche benötigen ein Visum für Algerien, das von der algerischen Botschaft in Tunis ausgestellt werden muss. Das dauert vier bis sechs Wochen!

Ich rege mich wahnsinnig auf. „So lange auf ein Visum warten, das gibt's doch nicht!"

Dirk fährt ohne uns los, und wir wissen nicht weiter. Offensichtlich sind wir Opfer unserer Naivität geworden. Nach Libyen einzureisen ist wegen der politischen Lage dort nicht möglich. Sollen wir wirklich so eine Ewigkeit auf eine Einreisegenehmigung nach Algerien warten? Oder endet hier unsere Afrikareise? Müssen wir umkehren?

Lachen oder Weinen?

Wir haben keine Lust, wochenlang in Tunesien zu warten. Daher überwinden wir uns, einen großen Teil unserer Ersparnisse in den scheinbar günstigsten Flug nach Schwarzafrika zu investieren: Eintausend Mark für einen langweiligen Flug über die Sahara hinblättern – das tut weh! Wir landen ganz im Westen, im Senegal. Von hier aus wollen wir uns über Gambia, Mali und die Elfenbeinküste unserem Ziel Südafrika/Namibia nähern.

Die vielen neuen Eindrücke in Westafrika überwältigen mich: Um uns herum nur Dunkelhäutige. Hier fallen wir nicht nur wegen unserer Tracht auf, sondern auch durch die weiße Hautfarbe. Ganze Scharen von Kindern umringen uns und betteln um Geschenke. So sieht Armut aus.

Die Landschaften sind fremdartig und faszinierend. Viele der tropischen Früchte waren mir bisher unbekannt, ich halte zum Beispiel das erste Mal eine Papaya in den Händen. Unglaublich viele fremde Sprachen dringen an unsere Ohren. Auch die Religion ist hier anders, denn ungefähr neunzig Prozent der Bevölkerung sind Muslime.

Es gibt massenhaft Erdnüsse. Und überall weiße Hügel aus Baumwolle, auf denen Kinder toben und sich eingraben. Besonders beeindruckt mich die exotische Tierwelt. Affen jagen durch die Büsche und turnen in den Bäumen herum. Knallgelbe, rot-schwarze, grün-weiße und türkisblaue Vögel fliegen in freier Wildbahn umher. Daneben gibt es Störche und Reiher, die ich von zu Hause kenne. Leider fallen mir auch große Mengen an Kunstdüngersäcken aus Frankreich und Deutschland auf. Muss das sein?

Schon in der ersten Woche in Westafrika passiert es: Uns fehlen Schecks im Wert von achthundert Mark. Offenbar haben unsere

Gastgeber uns bestohlen. War es die erste Gruppe Gastgeber oder die zweite? Wir wissen es nicht. Es fällt uns sehr schwer, die Menschen in dieser Kultur richtig einzuschätzen. Wer will uns übers Ohr hauen? Wer ist ehrlich? Da werden wir noch viel lernen müssen!

Auch an die richtige Weise zu essen müssen wir uns erst gewöhnen. Wenn wir „auswärts" essen, also eingeladen werden oder in einem Restaurant sind, nehmen wir das Essen mit der rechten Hand aus Gemeinschaftsschüsseln zu uns. Häufig gibt es Reis oder Couscous mit Fleisch- oder Gemüsesoße. Vor der Mahlzeit wird eine Wasserschüssel herumgereicht, in der sich die meisten nur die rechte Hand waschen, weil sie damit essen. Dann wird der Couscous zu kleinen Bällchen geformt, in die man eine Mulde drückt. Die Vertiefung wird mit der Soße gefüllt – und ab in den Mund! Das habe ich bald heraus.

Zum Essen hocken wir auf dem Boden, den Po zwischen den Füßen. Die gemeinsamen Mahlzeiten lassen ein besonderes Gemeinschaftsgefühl entstehen, zumindest habe ich oft das Gefühl, auf diese Weise mit den Menschen verbunden zu sein. Nach dem Essen geht wieder eine Schüssel mit Wasser durch die Runde. Nun wird die rechte Hand von Speiseresten gereinigt.

Die linke Hand wird nie zum Essen benutzt, denn sie hat eine andere Aufgabe. In Afrika verwendet man die linke Hand, um sich nach dem Geschäft den Hintern mit Wasser zu reinigen, deshalb gilt sie als unrein. Nur ganz selten gibt es Toilettenpapier. So müssen Uwe und ich uns an die hiesige Sitte gewöhnen. Anfangs widert es mich an und manchmal wird die Hose nass oder der Po nicht richtig sauber. Aber was ich in meinem Elternhaus gelernt habe, bewahrheitet sich auch hier: Übung macht den Meister! Schon bald komme ich gut damit klar und bin überzeugt, dass dies eine saubere Sache ist.

Die Verständigung mit den Menschen ist nicht einfach. Allein in den Staaten südlich der Sahara gibt es zwischen zwölfhundert und zweitausend verschiedene Sprachen. Viele davon sind nur unzureichend erforscht. In größeren Orten und bei manchen Einzelpersonen können wir uns mit Englisch oder Französisch durchschlagen, daneben lernen wir Begrüßungsformeln oder Begriffe in regionalen Dialekten.

In abgelegenen Gebieten müssen wir uns durch Mimik und Gestik verständigen. So kommt es, dass ich beim Wasserholen ein Hüttendorf erreiche, das von einer hohen Strohmattenmauer umgeben ist. Aus Rücksicht passiere ich den Eingang nicht, sondern rufe. Eine Frau mit einem Baby auf dem Rücken eilt herbei, doch leider sprechen wir keine gemeinsame Sprache. Mit Handzeichen deute ich an, dass ich sehr durstig bin und etwas zu trinken brauche. Die Frau verschwindet. Ein paar Minuten später kehrt sie mit einem Tonbecher zurück, der mit Wasser gefüllt ist. Sehnsüchtig beäuge ich den Becher, aber sie gibt ihn mir nicht! Stattdessen trinkt sie selbst ein paar Schlucke daraus. Was macht sie da? Will sie sich über mich lustig machen? Ärger steigt in mir hoch. Doch dann setzt sie den Becher ab und reicht ihn mir. Ich soll trinken. Erst viel später verstehe ich, dass diese Frau die Funktion eines Mundschenks ausgeübt hat und mir durch ihr Handeln verdeutlichen wollte, dass das Wasser nicht vergiftet, sondern genießbar ist.

An einer Kreuzung fällt uns eine schlichte Hütte auf, wo alle zum Anhalten gezwungen werden. Uwe und ich beobachten gespannt, was da vor sich geht. Jeder Reisende betritt mit irgendwelchen Waren die Hütte: Früchte, Hühner, Fische, Mehl, Kaffee oder Erdnüsse. Eine Diskussion mit dem uniformierten Polizeibeamten in dem Bretterverschlag folgt. Manchmal fordert der Beamte noch eine Zugabe. Letztlich wird jeder, der passieren möchte, um ein paar Kilo erleichtert. Dabei geht es recht friedlich zu.

Als wir bei den Leuten um uns herum nachfragen, bestätigt sich unser Eindruck: Das hier ist ganz offensichtliche Erpressung und Korruption!

Spannend bleibt für uns immer das Thema Fortbewegung. Noch liegen etwa zehntausend Kilometer Wegstrecke bis Südafrika vor uns. Wir sind mit Zügen, Bussen, Buschtaxis oder auf frachtbeladenen Lastwagen unterwegs. Diese Art zu reisen ist allerdings auf Dauer recht teuer.

Aus diesem Grund schaffen wir uns in Gambia zwei chinesische Fahrräder an. Die haben zwar keine Gangschaltung, sind dafür aber robust gebaut. Wir radeln über Straßen, die nur aus Muscheln bestehen, und auf sandigen, von Dornengestrüpp umgebenen Pisten. So geraten wir auch in abgelegene Gebiete. Auf unserer Landkarte sind zwar Straßen eingezeichnet, die größere Dörfer miteinander verbinden, aber diese sind oft nicht befahrbar. Dann müssen wir die Räder durch den tiefen Sand schieben. Andere Straßen enden scheinbar im Nichts, bis dann irgendwo wieder ein kleiner Pfad erkennbar ist, der mitten durch den Busch führt. Das ist abenteuerlich und nervig zugleich. Wenn wir nicht besonders vorsichtig sind, reißt uns das Dornengestrüpp Hemd und Haut auf.

An einem Tag muss ich neunmal meinen Fahrradreifen flicken. Ich bin so wütend, dass ich mich aufführe wie das Rumpelstilzchen im Märchen: Vor Zorn tanze ich um das Fahrrad herum, stampfe auf den Boden und fluche. Was wir hier machen, ist irre! Ich weiß nicht, ob ich lachen oder weinen soll.

Das Fahrrad ermöglicht es uns, Lebensmittel zu besorgen und uns dadurch selbst zu versorgen. Wir machen uns sogar ans Brotbacken. Ich setze in einem kleinen Topf Sauerteig an. Nachdem dieser gegoren ist, backen wir den Teig am offenen Feuer. Mhhh, unser frisches Brot ist eine willkommene Abwechslung zur afrikanischen Ernährung. Die besteht sehr oft aus einem altbackenen Baguette mit Erdnussbutter und einem „Café au lait" (eigentlich nur aufgebrühtes lösliches Kaffeepulver mit gezuckerter Kondensmilch, die aus Belgien importiert wurde).

Unsere Drahtesel fahren wir ungefähr tausendachthundert Kilometer weit, dann sind wir es leid und wir verkaufen sie an der Elfenbeinküste. Was für eine Erleichterung! Ohne diesen Ballast und die ständigen Reparaturen reist es sich besser. Und ganz ehrlich: Die Sache mit den Fahrrädern war nicht wirklich im Sinne der Wandergesellen. Wir dürfen zwar Räder benutzen, sie aber nicht besitzen. So schreiben es die Regeln vor.

Wer nach Afrika kommt und keine Geduld mitbringt, der lernt sie hier. Wer nach Afrika kommt und Geduld mitbringt, der verliert sie hier. In Westafrika scheinen die Uhren anders zu ticken. Die Schrittgeschwindigkeit der Menschen ist viel geringer als in Deutschland. Hier herrscht eine Gelassenheit, die ich nicht gewohnt bin. Ich muss lernen, geduldig zu warten.

Aufgrund der Hitze unterbrechen wir unsere Reise oft mittags und halten „Siesta". Was macht man, wenn man sich träge fühlt und einem langweilig ist? Wir spielen etwas, zum Beispiel „Schiffe versenken". Wir haben auch ein Mini-„Mensch-ärgere-dich-nicht"-Spiel dabei, das wir uns aus einem alten Hemd und kleinen Ästen gebastelt haben. Manchmal schreibe ich ausführlich Tagebuch oder Briefe. Oder ich sitze zwei bis drei Stunden einfach nur da, denke an alles Mögliche und fange an zu träumen. Einer meiner großen Wünsche ist es, das alte Fachwerkhaus meiner Großeltern zu restaurieren. In meinen Tagträumen male ich mir aus, wie ich Türen und Möbel für jedes Zimmer in einer anderen Edelholzart herstelle …

Bisher wusste ich nicht, dass man sich trotz Zweisamkeit einsam fühlen kann. Doch jetzt merke ich das deutlich. Die Menschen in dieser Kultur sind mir fremd, was zu einer gewissen Distanz führt. Und auch mit Uwe tausche ich mich nicht immer aus. Manchmal fehlt einfach das Verständnis füreinander. Beides sorgt bei mir für ein Gefühl der Einsamkeit – und ich vermute, dass es Uwe ähnlich ergeht.

In der mittäglichen Hitze versteigen sich meine Gedanken ins Philosophische. Ich reflektiere, dass mir die Gemeinschaft mit Uwe genug Raum lässt, auch einmal alleine zu sein. Ich habe die Möglichkeit, physisch alleine zu sein, aber auch einfach ungestört meinen Gedanken nachzuhängen. Einsamkeit trotz Zweisamkeit und Alleinsein trotz Gemeinschaft – menschliche Beziehungen sind echt kompliziert! Bei all diesem Nachsinnen erkenne ich, dass die Grenze zwischen Träumen und Grübeln, Sorgen und Selbstmitleid sehr dünn ist. Ich merke, dass ich mich davor hüten muss, über diese Grenze zu stolpern.

Uwe und ich leben auf engstem Raum zusammen, jeden Tag, jede Stunde, fast jede Minute des Tages verbringen wir gemeinsam. Jede Stresssituation und auch jedes Fallenlassen am Ende des Tages erleben wir zusammen, jedes schöne und schlechte Erlebnis. Wir haben beide unsere Angewohnheiten, Launen, Fehler und Stimmungen. Körpergerüche, ob gute oder schlechte. Von verschiedenen Meinungen ganz zu schweigen. Um diese Dinge zusammen durchzustehen, brauchen wir Disziplin, Toleranz, Akzeptanz und vieles mehr. Aber so anstrengend und schwierig es manchmal ist, so schön und bereichernd kann es sein. Wir reden über unsere Kindheit und Zukunftsträume. Stillschweigend sitzen wir am flackernden Feuer oder blicken in den Sternenhimmel. Natürlich helfen wir uns auch in Krankheit und Not.

Schon seit einigen Tagen harren wir hier im Senegal unter einem Schatten spendenden Affenbrotbaum aus und pflegen uns gegenseitig. Uwe hat 40,6 Grad Fieber, das auf fiebersenkende Medikamente nicht reagiert. Beide leiden wir unter Kopf- und Gliederschmerzen. Bei Uwe kommen Blähungen, bei mir Durchfall dazu. Was haben wir uns da bloß eingefangen? Es ist beängstigend!

Heute geht es mir etwas weniger übel als Uwe. Saft- und kraftlos schleppe ich mich zu einem nahegelegenen Dorf, um Wasser und Lebensmittel zu besorgen. Am Wegesrand sehe ich einen Geier, der sich über einen toten Hund hermacht, und fühle mich sofort an unsere eigene Situation erinnert. Wieder einmal ist meine Stimmung auf dem Nullpunkt.

Uwes Fieber beginnt erst langsam zu sinken, nachdem er sich mehrfach heftig erbrochen hat. Kaum ist er aus dem Gröbsten raus, stellen sich bei mir Fieber und Erbrechen ein. Nun macht Uwe die ganze Arbeit: Zelt aufbauen, kochen, Wasser und Lebensmittel holen und vieles mehr.

Nicht selten halten Leute Uwe für meine Frau. Das liegt wohl an seiner blonden Haarpracht, die unter seinem Hut hervorquillt. Eben hat ein Kerl mir gedroht: „Give me five Dollars or I touch your woman!" („Gib mir fünf Dollar, sonst vergreife ich mich an deiner Frau!")

Richtig, unsere Haare werden mit der Zeit immer länger und irgendwann sehen wir beide Handlungsbedarf. Leider haben wir weder eine richtige Schere noch einen Spiegel zur Hand. Aber wir sehen uns ja gegenseitig. Was das Haareschneiden betrifft, fehlt mir zwar jede Erfahrung, aber mit meiner handwerklichen Begabung sollte das schon klappen … An meinem Schweizer Taschenmesser befindet sich eine winzige Schere – und damit schneide ich Uwes lange Haarpracht. Über das Ergebnis schweigen wir besser!

Abends notiere ich in meinem Tagebuch: O Uwe, wenn du sehen könntest, wie ich dich zugerichtet habe! Dann wäre es aus mit unserer Freundschaft!

Mehl, Eier, Bananen, Zucker und Wasser: Wir haben uns in einer kleinen senegalesischen Marktstadt mit Lebensmitteln eingedeckt. Ich freue mich schon auf die Leckereien, die ich aus unseren Einkäufen zaubern möchte!

Unweit der kleinen Stadt finden wir einen guten Rastplatz. Büsche und eine Baumgruppe bieten uns etwas Sichtschutz, alles wirkt friedlich. Am Rand der Lichtung fällt mir das blau-weiß-türkise Federkleid eines Vogels auf dem Boden auf, anscheinend wurde der Körper des Vogels unter den Federn weggefressen. Ich bin nur kurz irritiert. Dann nimmt mich die Vorfreude auf das gute Essen gleich wieder in Beschlag.

Wir bauen das Zelt auf und machen ein Lagerfeuer. Ich backe zwei Fladenbrote und zwei Kuchen. Zur Feier des Tages verzehren wir einen Kuchen gleich. Den anderen packe ich in den Kochtopf, die Brote wickle ich in meinen Charlottenburger. In Vorfreude auf das morgige Frühstück schlafen wir ein.

Nachts halte ich Uwes anhaltende Blähungen durch die Malariaprophylaxe nicht mehr aus. Gebt mir Frischluft! Ich öffne den Zeltverschluss ein Spalt breit und zucke zusammen. Etwas traktiert meine Hand! Schnellstens mache ich das Zelt wieder dicht. Ich knipse die Taschenlampe an und sehe, dass mein Arm mit Ameisen übersät ist. Die Viecher sind extrem aggressiv und pinkeln mich sofort an oder beißen. Hektisch klopfe ich meinen Körper ab. Inzwischen ist Uwe erwacht und hilft mir, doch die Insekten sind schwer totzukriegen. Die Lebenden stürzten sich sofort auf die Leichen ihrer Artgenossen.

Ein Blick nach oben lässt uns schaudern. Alles ist schwarz von Ameisen! Wir hören ein Summen wie von einem riesigen Bienenschwarm. Dazu ein leichtes Klappern aus dem Vorzelt. Mir graust es. Eine Befürchtung steigt in mir auf: Die werden sich doch wohl nicht über unseren Kuchen hermachen? Doch! Der Deckel klappert ganz leise auf dem Kochtopf.

Wir sehnen den Morgen herbei. Sobald die Dämmerung beginnt, stülpen wir uns die Schlafsäcke über und stürzen aus dem Zelt. Was wir da sehen müssen! Millionen und Abermillionen von Ameisen. Alles ist übersät. Der Kuchen ist weg. Der Topf – wie alles andere – noch voller Ameisen. Mit langen Stöcken zerlegen wir das Zelt und zerren das Gepäck auseinander. Dabei werde ich von den Biestern in die Finger gebissen, dass es blutet. Erstaunlich ist, dass sich diese Kreaturen mit Anbruch des Tageslichts in ihre Behausungen zurückziehen. Nach diesem Psychoterror und den langen Aufräumarbeiten sind wir übermüdet und ekeln uns nur noch. An diesem Tag reichen die banalsten Dinge aus, um in Streit zu geraten.

So etwas passiert uns nicht wieder!, schwören wir uns am nächsten Abend. Noch behutsamer als bisher suchen wir unseren Lagerplatz aus. Alles scheint gut zu gehen. Doch als ich in der Nacht kurz das Zelt verlasse, um auszutreten, taucht urplötzlich eine dicke Schlange neben mir auf. Sie ist nur einen halben Meter von mir entfernt und bewegt sich auf mich zu! Ich vergesse alle guten Ratschläge und spurte zum Zelt. Nichts passiert, doch mein Puls ist auf hundertachtzig. Ich brauche lange, um wieder einzuschlafen.

Ein heftig lautes Geräusch schreckt mich auf. Ganz dicht über meinem Kopf schlägt etwas an die Zeltplane. Uwe und ich weichen mit Schrecken zurück. Was ist da draußen los? Sofort fällt mir die Schlange wieder ein. Regungslos verharren wir in der Zeltmitte und trauen uns fast nicht zu atmen. Das Geräusch wird hektischer. Kurz verstummt es, danach wird es wieder intensiver. Es klingt wie das Schlagen von Flügeln. Vielleicht hat sich eine Fledermaus zwischen dem Innen- und Außenzelt verfangen? Oder es ist etwas ganz anderes… Wir sind wie gelähmt. Keiner traut sich, das Zelt zu verlassen.

Erst am frühen Morgen kriechen wir verunsichert aus dem Zelt, nur um festzustellen, dass die Ameisen wieder zugeschlagen haben. Es herrscht ein großes Krabbeln auf und in unserem Gepäck. Wir sind entsetzt: Jetzt waren wir so vorsichtig, und die ekligen Viecher sind schon wieder überall! Glücklicherweise ist die Invasion nicht so groß wie am Vortag.

Abgesehen von derartigen Begegnungen ändert sich langsam meine Beziehung zur Natur. Schon beim Tippeln in Europa hatte ich Zeit, stundenlang oder sogar tagelang durch Landschaften und Wälder zu gehen. Ich war frei, die Natur zu genießen, ohne an irgendwelche Verpflichtungen denken zu müssen. In Westafrika ist es wunderschön, immer an der frischen Luft zu sein. Oft verliebe ich mich in Plätze, an denen wir rasten. Manchmal sind es einfach nur riesige Bäume, die Schatten und Sichtschutz bieten. Oder dicht stehende Palmen, an die man sich gut anlehnen kann. Aber auch im schlichten Busch- und Grasland kann es herrlich gemütlich sein.

Wenn ich nachts im Zelt liege, riecht es vom Vorzelt nach frisch gebackenem Brot. Die Umgebungsgeräusche kenne ich schon gut: Oft sind es Frauen, die im nahegelegenen Dorf etwas stampfen, oder ich höre Buschtrommeln und Tanzgesänge, das Muhen einer Kuhherde, zirpende Grillen, Vogelrufe, blökende Esel. Am faszinierendsten ist jedoch der Blick in den Nachthimmel. Hier stören keine grellen Lichter die Dunkelheit wie in den deutschen Städten. Ich sehe mehr Sterne als je zuvor, und sie scheinen viel klarer und heller zu strahlen als zu Hause. Immer wieder bringt mich der Nachthimmel zum Staunen.

Das geht unter die Haut

„Gib mir ein Geschenk! Gib mir Geld! Gib mir ein Buch …!" Die Kinder im Süden von Mali halten mich aufgrund meiner weißen Hautfarbe für reich. Oder zumindest für reicher als sie. Mehr als sechzig Kinder und Jugendliche beobachten aus nächster Nähe, wie ich eben gekauftes Obst und Salat an einer Pumpe wasche und meinen Wassersack auffülle. Seit etwa einer Stunde folgen die Kinder mir bei meinen spannenden Verrichtungen. Ihre Hoffnung auf ein Geschenk und ihre Neugier auf den Weißen müssen in der Tat groß sein!

Uwe und ich brechen nach Loulouni auf. Bereits auf dem Weg dorthin treffen wir viele Frauen, die mit Schüsseln auf den Köpfen ebenfalls Richtung Stadt unterwegs sind. Sie wollen zum Markt. Uns überholt ein Mann, der quer über seinem Fahrradgepäckträger eine etwa eineinhalb Meter lange Holzstange befestigt hat. An jeder überstehenden Seite hängen fünf Hühner nach unten.

In Loulouni erwartet uns ein üppiger Großmarkt. Wir schlendern von Stand zu Stand und entdecken immer wieder Neues: Sowohl das Sortiment als auch die Art, wie hier gefeilscht wird, um zu einer Preisvereinbarung zu kommen, faszinieren uns. Auf dem Boden liegen Berge von Orangen, Mangos, Bananen, Papayas und Kartoffeln. Ein Käufer verhandelt mit einem Standbesitzer. Nachdem das Geschäft zustande gekommen ist, werden Schubkarren geholt, um das erworbene Gut in Taxis zu verfrachten. Die Wagen werden mit Früchten und Gemüse bis oben hin vollgestopft, ehe sie losfahren.

Uwe und ich genießen einen Grießbrei und sehen dem Markttreiben zu. Dabei treffen wir Tanja und Jeff, zwei „Peace-Corps"-Mitarbeiter. Wir kommen ins Gespräch, und schließlich laden uns die beiden zum Abendessen ein. Ich staune nicht schlecht, als wir sogar Käse serviert bekommen. Wie lange habe ich darauf verzichten müssen! Ich zelebriere ein kleines Fest der Sinne: Den Geruch atme ich tief ein, dann zerbröckle ich den Käse in kleine Stückchen, die ich mir einzeln langsam auf der Zunge zergehen lasse.

Tanja und Jeff bieten uns an, bei ihnen zu übernachten. Ich lege mich in eine Hängematte, Uwe schläft auf einer Matratze. Am nächsten Morgen frühstücken wir üppig und machen uns dann gemeinsam mit Fahrrädern auf den Weg zu einem Wasserfall. Fünfzehn Kilometer weit kämpfen wir uns mit den Rädern durch tiefen Sand und über Klippen, bis wir das Naturschauspiel erreichen: Von einem Felsplateau stürzt Wasser herab, das in grüner Umgebung mehrere Wasserbecken füllt. Es ist einfach atemberaubend! Die frische Luft und die ruhige Atmosphäre tun mir gut.

Wir schlendern umher und lassen uns am größten und tiefsten Becken nieder. „Hier gibt es keine Krokodile. Ihr könnt ruhig baden gehen", meint Tanja. Doch zugleich warnt sie: „Seid vorsichtig! Ihr dürft das Wasser auf keinen Fall trinken – es nicht mal von euren Lippen ablecken. Dabei könntet ihr nämlich einen Erreger aufnehmen und sehr krank werden!" Sie muss das wissen, weil sie in einem medizinischen Entwicklungshilfeprojekt arbeitet.

Trotz dieser Warnung gehe ich ins Wasser. Als ich mich etwas erfrischt habe, bitte ich Tanja, mir mehr von dem Erreger zu erzählen, und sie erklärt: „Das Wasser könnte infiziert sein. Wenn du es dann trinkst, gelangen Larven in deinen Darm. Infizierte bekommen Fieber und Schüttelfrost, aber das ist nicht alles, denn innerhalb von einem Jahr entwickelt sich der Guineawurm unter deiner Haut. Er kann bis zu hundertzwanzig Zentimeter lang und ein bis zwei Zentimeter dick werden. Schließlich entstehen eitrige Geschwüre an Füßen und Beinen und der Wurm muss entfernt werden."

Wenn ich das vorher gewusst hätte! Ich bekomme eine Gänsehaut. Die Lust auf das kühle Nass ist mir gründlich vergangen.

Bis aufs letzte Hemd

Bis aufs letzte Hemd

Knatternd braust der tief fliegende Hubschrauber über meinen Kopf hinweg. Wohin ich auch sehe, wimmelt es von Polizei. Auf den Straßen drängen sich die Menschen, groß wie klein, denn die Schulen sind wohl geschlossen worden. Jemand drückt mir ein Flugblatt in die Hand: Die Bewohner der Stadt Abidjan demonstrieren gegen den korrupten Alleinherrscher der Elfenbeinküste, Félix Houphouët-Boigny.

Das sind Szenen und Geräusche, die ich sonst nur aus dem Film kenne: die Rufe, die aufgebrachten Menschen in staubigen Straßen und der ständige Hubschrauberlärm. Als Fremder, insbesondere als Weißer, fühle ich mich äußerst bedroht. Wenn ein Tyrann schon gegen seine eigenen Leute mit Polizei und Militär vorgeht, wird man mit einem Fremden bestimmt nicht gerade zimperlich umgehen! Und Unruhen werden ja oft vom Mob ausgenutzt …

Doch Uwe und ich müssen noch ein wenig ausharren. Wir warten auf ein Schiff, das uns ein großes Stück weiter nach Süden bringt. Die noch verbliebenen achttausend Kilometer nach Johannesburg mühsam über Land zurückzulegen, würde zu viel Zeit, Kraft und Geld kosten. Früh am Morgen gehen wir zum Hafen, klappern die Reedereien und anschließend die Fracht- bzw. Containerschiffe ab, um eine Passage zu bekommen. Schon bald folgt uns unaufgefordert ein selbst ernannter „Guide" auf Schritt und Tritt. Wir halten ihn den ganzen Tag frei und zahlen ihm Essen, Trinken und Zigaretten. Am Abend fordert er von uns Geld für seine Dienste. Wut steigt in mir auf. Wir haben ihn ja nicht um seine Hilfe gebeten!

Uwe überrascht mich mit seiner Großzügigkeit, er gibt dem „Guide" Geld für die Fahrt nach Hause. Doch damit gibt sich der Mann nicht zufrieden, er besteht auf einer Zahlung. Wir diskutieren, werden laut, und schließlich sehe ich rot: Ich kralle mir den schmächtigen Kerl und will ihn ins Hafenbecken werfen. Der wehrt sich natürlich. Bei den Handgreiflichkeiten geht das Band seiner Armbanduhr kaputt. Jetzt ist er richtig wütend. Kampfbereit stehen wir uns gegenüber. Seine Knie zittern.

Doch zu dem Kampf kommt es nicht, denn wie aus dem Nichts taucht ein Polizist auf, dem wir die Lage erklären müssen. Der Beamte holt seinen Chef, aber der ist total betrunken. Das macht alles noch komplizierter. Der ranghöhere Beamte lallt, fordert unsere Reisepässe und scheint das Geschehen überhaupt nicht einordnen zu können. Wenn er nun im Rausch eine Fehlentscheidung trifft?, fährt es mir durch den Kopf. Immerhin hat er unsere Pässe! Uwe, ich und der „Guide" reden auf die Polizisten ein. Letztlich geht alles gut: Der „Guide" wird weggeschickt und wir erhalten unsere Pässe zurück. Jetzt gehen wir erst einmal ein Bier trinken. Wir werden eine weitere Nacht in dieser brodelnden westafrikanischen Metropole erleben müssen.

Am nächsten Morgen entdecken wir ein Schiff, das bald nach Pointe Noire in der Republik Kongo ablegen wird. Dem zweiten Kapitän scheinen wir sympathisch zu sein. Er schickt uns zur Schiffsagentur, wo die Formalitäten geklärt werden sollen, doch ohne Erfolg. Also versuchen wir in einem zweiten Hafen unser Glück, werden aber auch dort enttäuscht. Zurück am Haupthafen werden wir aufgehalten. Angeblich eine Sicherheitskontrolle. Wer die wohl autorisiert hat? Ob das Angestellte sind? Oder Polizisten, Militärs? Vielleicht machen sie sich auch nur wichtig und nehmen uns aus!

Sie nehmen uns mit in einen kleinen Raum und filzen uns sehr gründlich. Beim Abtasten spüren die Sicherheitsleute die in unsere Kleidung eingenähten Schätze. Auch das Tränengas und unsere Pässe werden entdeckt. Es ist nicht illegal, diese Sachen versteckt bei sich zu tragen. Und doch fällt uns ein Stein vom Herzen, als die Männer uns unsere Habseligkeiten wieder aushändigen und uns laufen lassen.

Bis zum Anbruch des Abends versuchen wir im Hafen noch unser

Glück. Dann machen wir uns müde, enttäuscht, traurig, hungrig und durstig auf den Weg zum Ausgang, wo eine Frau eine Kochstelle und ein paar Tische mit Bänken stehen hat – ein Restaurant. Wir bestellen bei ihr, dann sitzen wir uns gegenüber und warten aufs Essen. Es ist schon relativ dunkel.

Plötzlich merke ich instinktiv, dass Gefahr im Verzug ist. Ich blicke mich um und erkenne, dass eine Gruppe Männer dabei ist, Uwe und mich einzukreisen. Ich sehe, wie ein Mann hinter Uwe ein Messer zieht. Sofort springe ich auf, laufe ein Stück weg und drehe mich um. Mehrere mit Messern bewaffnete Typen folgen mir. Ich hole das Tränengas aus meiner Tasche. Doch das wird mir nun nichts mehr nutzen können, Uwe hat bereits ein Messer am Hals. Ich renne los. Einige hundert Meter hinter uns ist eine große, viel befahrene Ringstraße. Auf die laufe ich zu. Ohne zu zögern springe ich über die Abgrenzung, mitten auf die Fahrbahn. Reifen quietschen. Autos hupen, weichen aus und blenden auf. Meine Verfolger sind mir dicht auf den Fersen.

Kopflos überquere ich die Abgrenzung zur Gegenfahrbahn und laufe auf entgegenkommende Autos zu. Ein Taxifahrer macht eine Vollbremsung. Ich springe in sein Taxi, verriegele die Türen und rufe dem Fahrer zu, dass er weiterfahren soll. Mein Puls rast, mein Atem geht stoßweise. Ich versuche, mich etwas zu beruhigen.

Sobald es mir etwas besser geht, bitte ich den Fahrer, zum Eingang des Haupthafens zurückzukehren. Wir brauchen nur wenige Minuten, bis wir wieder am Tatort sind. Doch alle Angreifer sind verschwunden. Wie erleichtert bin ich, als ich Uwe unversehrt entdecke. Er kommt zum Taxi und steigt ein. Ihm selbst fehlt nichts, aber alles, was er bei sich hatte, wurde ihm geraubt: sein Pass, seine Armbanduhr, das Schweizer Taschenmesser, Bargeld und Reiseschecks, die aufgerollt in seiner Jacke eingenäht waren.

Sofort lassen wir uns vom Taxi zur Polizei bringen. Wir erstatten Anzeige gegen unbekannt. Dann machen wir uns zu Fuß auf den Weg zu unserer Unterkunft. Gerade kommen uns zwei Männer entgegen, als im ganzen Stadtteil plötzlich der Strom ausfällt. Alles wird dunkel. Panische Angst befällt mich. Werden wir gleich noch einmal überfallen? Der Schock des eben erlebten Raubüberfalls sitzt mir noch tief in den Gliedern. Doch nichts passiert.

Selbst Wochen später bin ich noch jedem gegenüber misstrauisch. Ich habe schlichtweg Angst. In dieser Stadt wissen vermutlich einige, dass ich sehr viel Bargeld am Körper trage. Was kann ich tun? Ich bin äußerst vorsichtig und setze mich nie wieder mit dem Rücken zu einer Tür, sondern versuche, meine Umgebung im Auge zu behalten. Und wenn mir zwei Personen entgegenkommen, gehe ich nicht mehr zwischen ihnen durch, sondern mache einen großen Bogen um sie.

Hoffentlich verliere ich durch diese Vorfälle nicht meine Neugier auf fremde Kulturen und meine Freude am Zusammensein mit Afrikanern! Meiner Familie schreibe ich nichts von diesem Überfall. Ich denke, es ist besser so.

Was tut man nicht alles
für ein Visum?

Uwe stöhnt, klappt zusammen und hält sich den Magen. Schon wieder quält ihn eine Magen-Darm-Erkrankung mit Krämpfen und Durchfall, die wir absolut nicht einordnen können. Unsere Suche nach einem Arzt endet im Militärhospital von Accra, der Hauptstadt Ghanas. Dort müssen wir die Untersuchung vorab bar bezahlen, aber immerhin bekommt Uwe einen Arzt. Dieser diagnostiziert, dass mein Freund von Amöben geplagt wird. Er ordnet eine mehrtägige Behandlung mit Tabletten an und gibt uns die Medikamente gleich mit.

Uwe hat noch einige Zeit Schmerzen und Beschwerden. Doch gleichzeitig ist er erleichtert und durch die Diagnose beruhigt. Wenigstens weiß er jetzt, was ihm die ganze Zeit gefehlt hat. Und die eingeleitete Therapie stellt endlich Heilung in Aussicht!

Unsere Suche nach einem Schiff bleibt auch in Accra erfolglos. Daher entscheiden wir uns, nach Lagos weiterzureisen. Dort, in der größten Stadt Nigerias, wollen wir ein Visum für Kamerun beantragen. Sowohl in Accra als auch auf dem Weg nach Lagos passieren Dinge, die mich in Staunen versetzen und die ich nicht einordnen kann:

Immer wieder treffen wir fröhliche Christen, die ganz offen und voll Freude ihren Glauben bekennen. Schon länger warten wir in einem voll besetzten Reisebus auf die Abfahrt, als nacheinander drei Männer einsteigen. Sie setzen sich den Reisenden direkt gegenüber und begrüßen uns freundlich. Dann halten sie eine kurze Ansprache, in der sie von Jesus und seiner Auferstehung von den Toten sprechen.

Ganz egal, ob wir uns gerade auf dem Land befinden oder in einer Stadt, überall entdecke ich christliche Aufkleber. Sie bezeugen:

„God is with me" (Gott ist mit mir), „Jesus is alive" (Jesus lebt), „Jesus is LORD" (Jesus ist der HERR), „Jesus is risen" (Jesus ist auferstanden). Die Aufkleber prangen an Bussen, Autos, in Cafés, Geschäften und an Wänden.

Wir besichtigen eine riesige schöne Kirche. An den Seitenwänden strahlt das Licht durch große bunte Glasfenster, die mich als Handwerker faszinieren. So prächtige Glasarbeiten habe ich noch nie gesehen. Ich setze mich, lasse die Atmosphäre auf mich wirken und lausche der Musik. Offenbar beginnt gerade ein Gottesdienst. Der Klang der Instrumente und Stimmen ist sehr intensiv und vor allem viel lauter und fröhlicher als in Deutschland. Ich habe den Eindruck, als seien die Gottesdienstbesucher beim Beten und Singen mit ganzem Herzen dabei. Der Gottesdienst dauert bestimmt drei Stunden, dabei herrscht ein ständiges Kommen und Gehen. Ich bleibe sitzen und beobachte alles fasziniert.

Nur wenige hundert Meter weiter befindet sich eine kleinere Kirche. Auch von dort schallt inbrünstiges Singen zu uns herüber. Draußen auf der Straße begegnen mir weitere Menschen, die in bunten Kleidern gut gelaunt zu ihren Versammlungen gehen. Immer wieder höre ich den Gesang fröhlicher Christen aus kleineren Gebäuden.

Ich staune: Die Leute sitzen stundenlang im Gottesdienst und kommen sogar noch fröhlicher heraus, als sie hineingegangen sind! Sie stehen ganz offen zu Christus und Gott und haben eine Riesenfreude dabei … Das kann doch fast nicht sein! Entweder du bist Christ oder du bist fröhlich, so kenne ich das. Beides geht nicht, oder doch? Meine Überzeugungen geraten ins Wanken.

Wir finden ein Taxi, das uns nach Lagos fährt. Der Fahrer brettert über die schlechten Asphaltstraßen mit unzähligen Schlaglöchern, dass uns angst und bange wird. Ich nehme an, er fährt so „sportlich", um die ständigen Unterbrechungen unserer Fahrt auszugleichen. Immer wieder werden wir zum Anhalten gezwungen.

Und schon entdecke ich das nächste Hindernis. Schwere Zäune,

Betonklötze und Nagelbretter sind über die Straße gezogen worden. Auf einem Schild prangt „Road Block!", eine Straßensperre. Unser Taxi muss halten.

Ich sehe, dass von beiden Seiten jeweils ein zivil gekleideter Bursche auf das Auto zukommt. Beide tragen Stöcke in der Hand. Mir wird mulmig zumute. Haben uns hier Banditen aufgelauert? Und schon geht es los: Sie fangen an, mit ihren Stöcken auf die Stoßstange, die Kotflügel und Reifen einzuschlagen. Mit finsteren Mienen bewegen sie sich ganz langsam, wie in Zeitlupe. Sie umkreisen den Wagen und schlagen weiter mit ihren Stöcken auf das Taxi ein. Etwas abseits vom Geschehen entdecke ich bewaffnete Uniformierte, die teilnahmslos dastehen.

Ich bleibe ganz still sitzen, doch die Spannung im Auto ist deutlich spürbar. Die Passagiere schnauzen den Taxifahrer an. Nun kommt doch ein Uniformierter ans Auto. Er verlangt von Uwe, mir und Simbo – einem jungen Mann aus Mali – die Papiere und fragt nach unserer „declaration". Als wir ahnungslos mit den Schultern zucken, droht er uns Bußgelder an. Wir müssen aussteigen und warten.

Währenddessen wird der Taxifahrer und sein Beifahrer „abgezockt". Köpfe nicken, Scheine wechseln die Besitzer. Wir machen dem Beamten klar, dass wir Touristen sind und keine Deklaration brauchen. Simbo, der in Lagos seinen Bruder besuchen will, aber keinen Reisepass hat, muss ein paar Scheine zahlen, um weiterreisen zu dürfen.

Auf den vierzig Kilometern von der Grenze zwischen Benin und Nigeria bis zur Hauptstadt Lagos überwinden wir siebzehn solcher „Road-Blocks". Immer wieder neu müssen wir Angstmache, Willkür und erpresserische Gepäckdurchsuchungen über uns ergehen lassen. Mal ist es ein Kontrollpunkt des Militärs, mal steht die Polizei oder auch die Immigrationspolizei dahinter. Ob auf diesem Wege tatsächlich Schmuggler und Kriminelle erwischt werden? Oder dient das Ganze hauptsächlich der Abzocke von ordentlichen Bürgern?

Die explosionsartig gewachsene Millionenstadt Lagos in Nigeria wird von vielen als „Kontinent" bezeichnet. Für Uwe und mich bedeutet sie hauptsächlich Großstadtstress. Wir mieten uns in einem heruntergekommenen Hotel ein. Es dauert nicht lange, bis wir merken, dass es sich in Wirklichkeit um ein Bordell handelt. Die Zimmer um uns herum werden stundenweise vermietet. Durch die dünnen Wände bekommen wir von den Aktivitäten in den Nachbarräumen viel mehr mit, als uns lieb ist. In den Etagentoiletten liegen benutzte Kondome herum. Nervig sind auch die Parasiten im Haus. Ich werde von Flöhen gebissen und habe bald jede Menge rote Punkte auf der Haut, die schmerzen und jucken.

Am Abend sitze ich auf der Bettkante und versuche, mit dem Taschenmesser eine Kokosnuss zu öffnen. Plötzlich klappt die Klinge zusammen und die Messerschneide dringt tief in meinen rechten Zeigefinger ein. Es blutet wie verrückt. Uwe reagiert sofort und legt mir einen Druckverband an. Mir wird schon ganz schwummrig. Ich lasse mich auf das Bett zurücksinken und lege die Beine hoch.

Wie erleichtert bin ich, als wir endlich das erreicht haben, wofür wir nach Lagos gekommen sind. Wir erhalten ein Visum für Kamerun. Das ist aber auch das einzig Gute an diesem Stadtaufenthalt! Mit juckenden roten Flecken, starken Schmerzen am Finger und reichlich Selbstvorwürfen verlassen wir Lagos.

Das Lied des Dschungels

Während der Regenzeit mitten im Urwald! Uwe und ich bewegen uns durch den unglaublich grünen Regenwald, dessen mächtige Bäume hoch in den Himmel ragen. Wir befinden uns im Süden Kameruns. Bald werden wir den Äquator überqueren – wenn wir nicht vorher hier im Schlamm versinken!

Die „Straßen" bestehen nämlich aus Lehm, Erde und Sand und sind nach ein paar Stunden heftigen Regens völlig aufgeweicht. Streckenweise ist es unmöglich, auf ihnen zu laufen. Immer wieder sinke ich ein oder rutsche mit einem Fuß weg. Lehmklumpen hängen schwer an den Schuhen. Wenn uns ein Fahrzeug überholt, müssen wir uns mit einem Sprung in die Büsche retten. Die Fahrer haben bei diesen Straßenverhältnissen keine Chance, ihr Fahrzeug unter Kontrolle zu halten, sodass es für Fußgänger wie uns lebensgefährlich wird. Außerdem würden wir ohne den Schutz der Pflanzen von oben bis unten mit Schlamm bespritzt werden. Dass wir am Wegesrand immer wieder ein Rascheln hören und Schlangen entdecken, macht die Sache noch spannender. Denen möchten wir nicht unbedingt zu nahe kommen!

In einem kleinen Hüttendorf werden wir zum Palmweintrinken eingeladen. Dieses milchigweiße alkoholische Getränk wird in West- und Zentralafrika aus dem Saft von Palmfrüchten gewonnen. Es schmeckt recht süß, wodurch man die berauschende Wirkung erst spät bemerkt. Während wir den Wein trinken, unterhalten wir uns mit den Dorfbewohnern. Die können nicht verstehen, warum wir eine solche Strecke zu Fuß gehen. Ehrlich gesagt: Manchmal weiß ich auch nicht, warum wir uns das antun. Nach vier Gläsern reißen wir uns los und brechen wieder auf. Die Dorfbewohner schenken uns noch eine Flasche Palmwein und Bananen als Wegzehrung.

Schon bald spüren wir, dass die Palmwein-Party mitten am Tag keine gute Idee war. Nicht bei diesen Temperaturen! Wir müssen rasten und machen es uns am Wegesrand auf ein paar Holzstämmen bequem. Plötzlich kommt ein anderer Fußgänger vorbei. Er ist barfuß unterwegs, grinst breit und trägt eine Gitarre unter dem Arm. Wir bieten ihm Wasser, Palmwein und Bananen an, doch er lehnt alles ab. Er bleibt lediglich kurz stehen, spielt auf seiner Gitarre und singt ein paar Lieder. Danach spaziert er zufrieden lächelnd weiter. Schmunzelnd und kopfschüttelnd sehe ich ihm noch lange nach. Der Dschungel und die Menschen unterwegs sind wirklich immer für eine Überraschung gut!

Ein Pick-up bietet uns an, mitzufahren. Im Cockpit sitzen schon vier Personen, daher gesellen wir uns zu den sechs Passagieren und der Fracht auf der Ladefläche. Doch schon bald bleibt der Wagen liegen. Ein Motorschaden, mitten im Dschungel. Dunkle Wolken ziehen über uns auf, es blitzt und donnert.

Nach einer Weile kommt ein Minibus vorbei, der mit Menschen vollgestopft ist. Trotzdem geht ein großes Gedränge los, und tatsächlich gelingt es noch weiteren sechs Personen, sich ins Wageninnere zu quetschen. Wie war das möglich? Uwe und ich stehen alleine noch draußen … Als Ausländer haben wir uns beim Drängeln zurückgehalten. Aber ohne Lebensmittel möchten wir auch nicht im Urwald bleiben – vom bevorstehenden heftigen Wolkenbruch ganz zu schweigen. Wir blicken uns kurz an und nicken: Erst schwingen wir unser Gepäck auf den bereits überladenen Dachgepäckträger, dann klettern wir selbst hinterher.

Kaum sind wir losgefahren, fängt es an, in Strömen zu regnen. Ich habe große Mühe, mich auf dem Dach festzuhalten. Regen und Wind peitschen mir ins Gesicht. Innerhalb weniger Minuten bin ich bis auf die Haut durchnässt. Äste und Blätter hängen tief herab und ich muss aufpassen, dass sie mir nicht ins Gesicht schlagen. Die Straße wird immer rutschiger. Trotz allem empfinde ich in diesem Moment ein geradezu berauschendes Gefühl von Freiheit.

Als wir das nächste größere Dorf erreichen, schüttet es immer noch. Offenbar gibt es im Ort nur eine Herberge. Hier breiten wir unsere durchnässten Klamotten aus und legen uns hin. Noch im Halbschlaf höre ich, wie der Regen auf das Blechdach prasselt.

Am nächsten Morgen steigen wir in unsere feuchten Klamotten. Die lehmige Dschungelstraße ist nach dem Regenguss noch aufgeweichter als am Vortag. Während der Fahrt mit dem Bus habe ich Zeit, die Landschaft zu betrachten. Die schmale Lehmpiste wird von Baumriesen eingerahmt und überdacht. Das Gebüsch rechts und links der Straße ist so dicht, dass ich nur wenige Meter hineinsehen kann. Was sich dahinter wohl alles verbirgt? Vor allem scheint es ein Vogelparadies zu sein, denn von allen Seiten höre ich ihr Konzert. Besonders begeistert mich die Farbenpracht der Schmetterlinge um uns herum.

Wir überqueren die Grenze zu Gabun. Dies feiern wir mit den anderen Passagieren mit einer Reis-Schnaps-Party. Anschließend haben wir Schwierigkeiten, einen Platz für unser Zelt zu finden. Alles ist so dicht bewachsen, dass es kaum auch nur zwei bis drei Quadratmeter gibt, wo wir uns niederlassen könnten. Doch dann entdecken wir eine kleine Lichtung, auf der Bananenstauden stehen. Dort schlagen wir das Zelt auf.

Ganz früh am nächsten Morgen wache ich auf, obwohl es draußen noch dunkel ist. Leise verlasse ich das Zelt. Ich stehe in der Dunkelheit und lausche auf die Geräusche des Dschungels. Kein Lied, keine Musik kenne ich, die so schön ist wie diese Laute. Lange genieße ich das Lied des Dschungels, berausche mich an ihm. Es kommt mir so vor, als ob das Reisen im Regenwald wie eine Droge wirkt.

Wir schaffen es am nächsten Morgen gerade noch, etwas zu essen und das Zelt abzubauen, ehe es wieder anfängt zu regnen. Weiter geht es durch Gabun, diesmal wieder zu Fuß. Wir laufen mit nassen Klamotten am Leib und sind über und über matschverschmiert. Umziehen lohnt sich nicht, denn durch die hohe Luftfeuchtigkeit ist unsere Ersatzkleidung genauso nass wie die Sachen, die wir tragen. Von Tag zu Tag wird es unangenehmer, abends in den klammen Schlafsack zu kriechen.

Unter strömendem Regen erreichen wir ein kleines Hüttendorf. Wir haben Hunger und suchen nach einer Möglichkeit zu essen. Doch statt eines Restaurants finden wir nur eine Art „Gemeinschaftshaus", ein mit Stroh überdachtes Holzgestell, das an allen vier Seiten offen ist. Die Männer in der Gemeinschaftshütte winken uns herbei. Sie verstehen, dass wir hungrig sind, und sorgen dafür, dass uns Fisch, Maniok, Bananen, Erdnüsse und Kartoffeln gebracht werden. Während wir uns stärken, fällt uns auf, dass die Hütte ringsum mit Totenköpfen dekoriert ist. Uwe und ich werfen uns beunruhigte Blicke zu. Sollten wir es mit Kannibalen zu tun haben? Erst als sich herausstellt, dass es die Schädel von Affen sind, die sie gejagt und verzehrt haben, ist uns etwas wohler.

Einige Männer spielen ein traditionelles Spiel mit kleinen Steinen, die es in Reihen abzulegen gilt. Wir packen unser selbst gemachtes Mensch-ärgere-dich-nicht-Spiel aus. Die Männer und einige dazugekommene Jugendliche lassen sich die Regeln erklären. Am Ende schenken wir der Dorfgemeinschaft unser Spiel und sind gespannt, welche Wirkung das in Gabun noch entfalten wird.

Auf der Weiterreise nach Süden treffen wir einen Goldgräber namens Denise. Er hat ein paar Arbeiter beschäftigt und ist sehr stolz auf seinen Schatz: fünfhundert Gramm 22-karätigen Goldstaub. Er zeigt uns das Gold, das er seiner Regierung verkaufen möchte. Wir erzählen ihm von unseren Reiseplänen. Denise ist zuversichtlich, dass wir in der Hauptstadt Libreville ein Schiff oder gar ein Frachtflugzeug erwischen werden. Zweimal wöchentlich fliegt die Maschine von dort nach Namibia, erklärt er uns. Ermutigt reisen wir weiter in die Stadt.

Doch auch in Libreville macht uns die politische Situation einen Strich durch die Rechnung. In der Stadt wimmelt es von Polizei und Militär. Überall sind Straßensperren errichtet. Panzer fahren durch die Stadt, stehen auf Kreuzungen oder am Straßenrand. Knatternd kreisen Hubschrauber über der Stadt. Die Bevölkerung Gabuns demonstriert. Die Bürger behaupten, die Staatsmänner hätten sich am Volk bereichert und nach Europa abgesetzt. Außerdem verlangen sie die Einführung eines Mehrparteiensystems. Die Demonstranten haben schon Büros, Gebäude und Autos in Brand gesetzt.

Aufgrund der Eskalation wurde eine Ausgangssperre verhängt. Von neun Uhr abends bis fünf Uhr früh darf niemand sein Haus verlassen. Zuwiderhandlungen würden von Polizei und Militär rigoros bestraft, werden wir gewarnt. Unter diesen Umständen fangen wir gar nicht erst an, ein Schiff oder Flugzeug zu suchen.

Wir verlassen Libreville und tippeln ins Landesinnere Richtung Lambarene. Dort besichtigen wir das Lebenswerk des deutschen Dschungeldoktors Albert Schweitzer. Das 1924 von ihm erbaute Urwaldhospital besteht aus mehreren schlichten Gebäuden und liegt idyllisch unter Palmen am Fluss Ogowe. Was für ein krasser Gegensatz zu der hektischen umkämpften Küstenstadt Libreville! Hier ist alles ruhig und friedlich.

Kurz darauf bekommen wir die Möglichkeit, mit cinem Minibus weiterzureisen. Es dauert nicht lange, bis sich wieder dunkle Wolken zusammenbrauen – und schon regnet es wie aus Kübeln. Auch hier wird die Lehmstraße matschig und schmierig. Die Lkw-Fahrer müssen sich voll konzentrieren, um ihre Wagen unter Kontrolle zu halten.

Nach einer halben Stunde Fahrt begegnen wir schon dem ersten „gestrandeten" Lkw, der mit beiden Hinterrädern über einen Meter tief im Schlamm feststeckt. Andere Fahrzeuge versuchen, links und rechts am Wagen vorbeizukommen. Doch auch sie bleiben stecken. Während der Regen weiterhin gnadenlos auf uns herunterprasselt, versucht man, die liegen gebliebenen Fahrzeuge mit Schaufeln, Ästen, Blättern und bloßen Händen aus dem Schlamm zu befreien. Der Fahrer unseres Kleinbusses beschließt umzukehren.

Wir steigen aus und laufen bis zum nächsten Ort. O Wunder, dort gibt es ein Nobelhotel! Wir fragen, ob wir unser Zelt im Garten aufbauen dürfen, doch der Besitzer hat Mitleid mit uns durchnässten Gestalten und überlässt uns ein Zimmer. Hier gibt es saubere und fast trockene Bettwäsche! Bevor wir uns ins Bett kuscheln, spannen wir eine Wäscheleine, um unsere Klamotten zu trocknen.

Immer wieder streiche ich mit der Hand über die glatte Bettwäsche und atme den Duft der Laken ein. Mit einem Wohlgefühl schlafe ich ein und träume von zu Hause.

Am nächsten Morgen müssen wir wieder in die nasse Kleidung steigen. Wegen der hohen Luftfeuchtigkeit ist sie über Nacht nicht trocken geworden. Uns bleibt nichts anderes übrig, als die Zähne zusammenzubeißen und wieder aufzubrechen. Leider hat sich der Zustand der Straße überhaupt nicht gebessert. Immer wieder begegnen wir Fahrzeugen, die tief im Schlamm stecken. Manche sind mit einem Rad in ein tiefes wassergefülltes Schlagloch geraten und hängen so bedrohlich schief fest, dass sie womöglich noch umkippen werden. Die Schlaglöcher auf dieser Urwaldpiste sind so groß, dass mehrere Fahrzeuge darin begraben werden könnten.

Menschen laden Fracht von der Ladefläche ab, um die Wagen leichter herausziehen zu können. Wir beobachten, wie eines der großen Fahrzeuge an einer Böschung herunterrutscht. Einige Männer versuchen verzweifelt, den Absturz zu verhindern. Einem anderen Lkw ein paar Kilometer weiter war nicht mehr zu helfen: Er ist etwa fünfzig Meter einen Abhang hinabgerutscht.

Verdreckt, durchnässt und genervt kommen wir in Point Noire an. Mein Frust schlägt sich irgendwie auch auf die Beziehung zu Uwe nieder. Ihm geht es vermutlich ähnlich. Unsere Beziehung scheint so festgefahren wie die Lkws auf der Dschungelpiste.

Während wir uns anschweigen, gehen mir allerlei Gedanken durch den Kopf: Wenn wir hier kein Schiff finden, das uns herausbringt, reise ich allein weiter. Entweder ich suche in Point Noire Arbeit oder ich reise über Angola oder Zaire weiter gen Süden. Ich habe keinen Bock mehr auf unser Miteinander! Aber – ich habe ihm doch ein Versprechen gegeben. Zu Hause habe ich gelernt: „Ein Mann, ein Wort!" Wie geht es weiter? Können wir unser Versprechen unter diesen Bedingungen halten?

Unter Schock

Unter Schock
Unter Schock

Wieder kein Schiff in Richtung Süden! Auch in Point Noire, in der Republik Kongo, werden unsere Hoffnungen enttäuscht. Wegen des Bürgerkrieges können wir nicht ins benachbarte Angola einreisen. Was können wir tun? Wir wollen doch nicht hier im Kongo bleiben! Wir reisen weiter in die Hauptstadt Brazzaville und versuchen erneut unser Glück.

Diesmal scheint alles zu klappen. Uwe und ich erwerben Flugtickets für je achthundertfünfzig D-Mark nach Johannesburg. Die Flugreise mit Sabena-Airlines ist sehr viel angenehmer und schneller als unsere gesamte Fortbewegung in den letzten Monaten. Dafür ist sie aber auch viel teurer und langweiliger. Doch die Langeweile hat schnell ein Ende, und zwar an der Passkontrolle am Flughafen in Johannesburg. Die grimmig aussehende Beamtin fragt mich, wo denn mein Rückflugticket sei.

Mir stockt der Atem. Ein Rückflugticket? Das haben wir nicht und von einer solchen Bestimmung wussten wir auch nichts. O nein, immer diese Grenzen!

Ich suche Uwes Blick und erkenne, dass es ihm genauso geht wie mir. Auch er ist erstarrt. Inzwischen haben uns mehrere Beamte umringt. Sie lassen uns nicht passieren, sondern drängen uns zurück. Offensichtlich ist ein gültiges Rückflugticket Voraussetzung für die Einreise nach Südafrika. Was nun? Wir erklären den Zollbeamten, wir seien Touristen, hätten hier Freunde und würden bei Bedarf ein Rückflugticket kaufen oder über Land weiterreisen.

Die Schalterbeamten beraten lange. Uns bleibt nichts anderes übrig, als auf ihre Entscheidung zu warten. Letztlich wird uns mitgeteilt, dass uns ohne ein Rückflugticket oder ein Weiterflugticket die Einreise verweigert wird. Wir sollen auf Kosten von Sabena-Airlines wieder zurück in den Kongo geflogen werden.

Ich kriege Angst. Wenn ich jetzt irgendwo auf keinen Fall hin will, dann ist es der Kongo! Wir diskutieren heftig, aber doch fruchtlos mit den Beamten. Schließlich ziehen wir uns zurück, werden aber von den Grenzlern genau im Auge behalten. Auf einmal holt Uwe eine Kreditkarte hervor, von deren Existenz ich bis zu dieser Minute nichts ahnte. Ich weiß nicht, ob ich lachen oder weinen soll ... Uwe kauft mit seiner Kreditkarte für je achtzehnhundert D-Mark zwei Flugtickets nach Deutschland, die ein Jahr lang gültig sind. Und endlich dürfen wir einreisen! Jetzt schulde ich Uwe tausendachthundert D-Mark. Aber wir haben über viele Umwege und auf ungewöhnliche Art unser Ziel erreicht: Johannesburg in Südafrika.

Uns liegt die Kontaktadresse des Altgesellen Helmut in Johannesburg vor. Als wir ihn aufsuchen, erlaubt er uns, ein paar Tage bei ihm zu übernachten und von seiner Wohnung aus Arbeit zu suchen. Zu unserer großen Überraschung und Freude erfahren wir, dass zehn Wandergesellen in der Umgebung arbeiten und deshalb an den Wochenenden regelmäßige Gesellenabende stattfinden. So lerne ich unter anderem den Dachdecker Dirk, den Klempner Eric sowie die Zimmerer Lars und Marco kennen.

Uwe nimmt telefonisch Kontakt zu einem ehemaligen Wandergesellen in Namibia auf, der ihm in der Stadt Swakopmund Arbeit anbietet. Und so müssen wir Abschied nehmen. Ob wir uns je wiedersehen? Auf der langen Reise haben uns so viele Erlebnisse zusammengeschweißt. Natürlich gab es auch Meinungsverschiedenheiten und in Extremsituationen sind wir uns manchmal tüchtig auf die Nerven gegangen, aber immerhin sind wir beide froh, dass wir unser Versprechen bis hierhin gehalten haben. Jetzt wird es Zeit, dass wir wieder getrennte Wege gehen.

Ich suche in der Umgebung von Johannesburg nach Arbeit. Nach einigen Absagen gerate ich an einen Schweizer, der mich an den Chef von „Rustic Furniture" vermittelt. Dieser sucht nämlich gerade einen Schreiner. Nach einem ersten telefonischen Kontakt treffe ich schon am nächsten Tag mit meinen ganzen Habseligkeiten in Honeydew ein und spreche bei Peter vor. Er ist Engländer und mit Wendy, einer südafrikanischen Frau, verheiratet. Seine Auftragsbücher sind prall gefüllt, daher soll ich sofort anfangen. Wir vereinbaren ein Gehalt, von dem die Mietkosten für das kleine Wohngebäude, das ich beziehen darf, abgezogen werden.

Die Stadt Honeydew liegt oberhalb von Soweto, rund dreißig Kilometer nordwestlich von Johannesburg. Die Schreinerei befindet sich auf einem acht Hektar großen Farmgelände mitten in einer wunderschönen Landschaft. Es gibt Berge, Bäume, Wiesen und im Tal plätschert ein Fluss. Drei Hunde, sieben Katzen, fünf Pfauen und jede Menge Hühner leben hier und nachts erklingt das Geheul von wilden Kojoten, die irgendwo herumstreunen. Jeden Morgen bei Sonnenaufgang genieße ich ein vielstimmiges Vogelkonzert. Zur Farm gehören außerdem eine Pizzeria, die ein schottischer Koch betreibt, sowie ein großer Ausstellungsraum für Mustermöbel.

Die Farm ist Teil der „Crocodile Rample", einer Art Kunsthandwerkerstraße, die sich über ein größeres Gebiet erstreckt. Dazu gehören Hotels, Restaurants und Sportangebote, vor allem aber wird die Tour von Künstlern und Handwerkern geprägt, die Dinge ausstellen und Einblick in ihre Werkstätten geben. So kommen an den Wochenenden und Feiertagen viele meist einheimische Touristen zu Besuch.

In der Tischlerei werden ausschließlich Massivholzmöbel hergestellt. Meine Aufgabe besteht darin, neue Möbel zu entwickeln, die alten zu verbessern und nebenbei noch die zehn Arbeiter anzuleiten. Das ist eine echte Herausforderung! Nicht nur, dass die Werkzeuge und Maschinen in schlechtem Zustand sind, die schwarzen Mitarbeiter haben auch keine Berufsausbildung, die mit einer deutschen vergleichbar wäre.

An den Wochenenden stürze ich mich mit anderen Gesellen ins Nachtleben. Einmal bin ich alleine unterwegs nach Downtown Johannesburg, „Jo-burgh" genannt. Peter leiht mir dazu sein Auto.

Wie ein besorgter Vater warnt er mich vor den „Tsotsies", den schwarzen Jugendbanden, die in den Nächten mit Klappmessern ihr Unwesen treiben. Die Tsotsies versetzen mir in dieser Nacht keinen Stich, dafür trifft mich ein anderer Anblick umso mehr: Mehrere Gruppen von drei bis zwölf schwarzen Kindern und Jugendlichen hocken um einen Kanister oder reichen ihn herum. Mal beinhaltet er Benzin, mal alte Klebstoffreste. Die Kinder nutzen diese Substanzen als billigen Ersatz für illegale Drogen, um in eine Rauschwelt zu flüchten. Sie schnüffeln und inhalieren. Einige von ihnen haben schon glasige Augen. Beim Zusehen wird mir ganz elend zumute. Dazu klingt mir Peters Warnung noch in den Ohren, sodass ich schnellstmöglich den Heimweg antrete.

Die Arbeit macht mir große Freude. Ich darf Möbel entwerfen und meiner Kreativität freien Lauf lassen. Mein Hauptanliegen ist aber die Anleitung der Arbeiter. Was für eine Herausforderung, Personen ohne Schul- und Berufsausbildung beizubringen, wie man mit Werkzeugen und komplizierten Maschinen umgeht oder wie Tische, Stühle, Betten und Rundtische hergestellt werden.

Kürzlich wurde Brian eingestellt, ein Brite, der schon länger in Südafrika lebt und bisher in einer Goldmine gearbeitet hat. Mit meinem Chef ist er entfernt verwandt. Seine Hauptaufgabe hier in Honeydew ist das Ausliefern der Möbel.

Die schwarzen Arbeiter redet Brian mit *Boys* an, doch wenn er über sie redet, verwendet er den abwertenden Begriff *Kaffer*. Ich suche das Gespräch mit ihm und erkläre, dass er die Mitarbeiter respektvoll mit Namen ansprechen und auf das rassistische „Kaffer" verzichten solle. Von da an verschlechtert sich unsere Beziehung und ich ahne, dass ich mit diesem Typen noch aneinandergeraten werde.

An einem späten Nachmittag kehrt er mit dem Lieferwagen von einer Tour zurück, an seiner Seite sitzt ein weißer Teenager. Vor dem Gatter zur Farm hält er an und hupt anhaltend. Johnny, der jüngste Mitarbeiter, bricht seine Arbeit abrupt ab und spurtet die ungefähr 800 Meter zum Gatter. Brian bleibt bequem hinter dem Lenkrad sitzen und wartet, bis Johnny ihm das Gatter geöffnet hat, dann fährt er in aller Seelenruhe durch. Ich ringe um Beherrschung, reiße mich jedoch zusammen und spreche erst nach Feierabend mit ihm.

„Ich will nicht, dass du die Arbeiter von der Arbeit wegholst, nur damit du deinen faulen Hintern nicht bewegen musst! Beim nächsten Mal machst du das Gatter gefälligst selbst auf!"

„Wieso? So was ist doch der Job von Kaffern", meint er lässig.

Einige Tage später wiederholt sich die Szene. Brian steht wieder mit dem Wagen am Gatter und hupt. Die schwarzen Mitarbeiter halten in ihrer Arbeit inne und sehen mich abwartend an.

„Keiner von euch geht!", sage ich.

Brian hupt unbeirrt weiter. Jetzt spurte ich die Anhöhe hoch und öffne das Gatter, aber nur einen Spalt breit. Dann öffne ich die Fahrertüre, packe Brian am Kragen und ziehe ihn heraus.

„Das machst du nicht noch mal! Mach das Gatter in Zukunft selbst auf – hast du verstanden?", schreie ich ihn an. Er ist völlig perplex und verärgert. Ich schließe das Gatter hinter mir und kehre zurück in die Werkstatt.

Bei der Arbeit haben wir alle Hände voll zu tun und liefern viele Möbel aus. Reklamationen gibt es so gut wie nie, dennoch nehmen Druck und Hektik immer mehr zu. Einige Mitarbeiter murren und klagen. Angeblich hat Peter den Arbeitern schon seit Wochen keinen Lohn mehr ausbezahlt. Die Beziehung zwischen den Angestellten und ihrem Chef ist von Misstrauen und Angst geprägt. Eines Tages lässt Peter aus einem unwichtigen Anlass alle in einer Reihe antreten und hält eine Ansprache. Mitten in seiner Rede holt er plötzlich aus und schlägt Johnny ins Gesicht. Was steckt hinter dieser Aggressivität?, frage ich mich.

Weil die Lage so angespannt ist, verschaffe ich mir im Büro einen Überblick über die wirtschaftliche Situation der Firma. Die Auftragslage ist gut, wir haben viele Bestellungen abzuarbeiten. Doch es kommt ans Licht, dass Peter hoch verschuldet ist. Außerdem hat er die Preise für die Möbel seit fünf bis sieben Jahren nicht erhöht, während sich allein die Kosten für den Materialeinkauf in dieser Zeit mehr als verdoppelt haben. Offensichtlich ist momentan jeder Auftrag, den wir ausführen, ein Verlustgeschäft für die Firma. Die Erkenntnis bedrückt mich, und doch bin ich dankbar, dass ich nun Bescheid weiß. Was wir brauchen, ist ein Befreiungsschlag.

In der kommenden Zeit stößt Peter möglichst viele Aufträge ab. Ich erkläre ihm Formeln, damit er den Holzverschnitt berechnen kann. Wir erhöhen die Preise und erstellen neue Angebote. Die Krise sorgt auch dafür, dass wir neue Möbelstücke und Designs entwerfen.

Sonntagmorgen. Ich liege noch im Bett, da klopft es plötzlich an meiner Wohnungstür. Als ich öffne, sehe ich James, einen jungen Mitarbeiter. Er hält sich den Unterleib und sagt, dass er schon seit mehreren Wochen Schmerzen hat. Ich bitte ihn, mir die Stelle zu zeigen. Er zögert erst, aber dann zieht er die Hose runter. Vom Penis bis zur Leiste hat er eine lange, dicke und eiternde Entzündung. Die Geschlechtserkrankung schmerzt bereits bei leichtem Druck.

Ich ekele mich. Die Situation ist mir sehr peinlich, und doch fühle ich mich geehrt, dass James sich mir anvertraut. Das muss sich ein Arzt ansehen und behandeln!

„Mit wem hast du die letzten Wochen Sex gehabt?", frage ich ihn. Er antwortet nicht. Ich erkläre ihm eindringlich, dass die Krankheit auch ansteckend ist. Er soll darüber nachdenken und die Person informieren, damit auch sie zum Arzt geht.

Aber jetzt ist erst einmal James dran. Ich begleite ihn auf der Suche nach einem Arzt. Schon bald merke ich, dass dies viel schwieriger ist als angenommen. Es ist fast unmöglich, ein Krankenhaus oder auch nur einen Arzt zu finden, der sonntags behandelt und noch dazu bereit ist, einen Schwarzhäutigen zu untersuchen. Fast drei Stunden telefonieren wir herum, bis ich einen Arzt finde. Doch als wir vor ihm stehen, erklärt er uns, dass dies eine Privatklinik sei, in der keine Schwarzen behandelt würden. Es käme uns teuer zu stehen, wenn er sich James ansehen würde. Ich könnte den Kerl am Kragen packen, so wütend bin ich.

Noch zweimal müssen wir Ähnliches erleben. Ich frage mich, wie es James wohl geht, wenn er ständig solchen Erniedrigungen ausgesetzt ist.

In Johannesburg warten wir über zwei Stunden in einer Klinik, bis wir auch nur wahrgenommen werden. James redet mit der Krankenschwester in Afrikaans. Sie teilt ihm mit, dass sie ihn nicht behandeln werden, und gibt ihm die Adresse eines anderen Hospitals. Dort solle er es versuchen.

Langsam reicht es mir. Ich protestiere: „Vielleicht könnte sich das erst mal jemand ansehen, bevor ihr uns hier wegschickt!" Als die Krankenschwester kontert, dass er schließlich Schwarzer sei, werde ich laut. Sofort eilen drei Sicherheitspolizisten mit Schlagstöcken herbei und umringen uns. Glücklicherweise kommt bald ein Arzt zu dem Tumult. Ich sage ihm, dass ich aus Deutschland bin und empört darüber, dass James nicht behandelt wird. Wir erklären kurz das medizinische Problem, und tatsächlich – James wird behandelt! Mit der Hoffnung auf baldige Heilung kehren wir müde und erleichtert von unserer Odyssee zurück.

Dieser Tiefschlag wird von einem anderen Erlebnis noch übertroffen. Herbert, ein Deutscher, der schon seit zwanzig Jahren hier lebt, hat mich auf seine Farm eingeladen. Während er mir sein großes Gelände zeigt, erspäht er zwei Afrikaner in der Ferne. „Ah! Kaffer!", ruft er, nimmt sein Gewehr und richtet es auf sie. Gott sei Dank verschwinden die Schwarzen in diesem Moment hinter Büschen. Am liebsten würde ich auf der Stelle gehen, aber ohne Fahrzeug komme ich von der abgelegenen Farm nicht so leicht weg.

Herbert hat mehrere Gäste geladen, die im Laufe des Tages eintrudeln. Es sind ausschließlich Weiße. Einer von seinen Bekannten, den ich bereits kennengelernt habe, versucht gleich, mich davon zu überzeugen, dass „Kaffer" keine Menschen sind.

Ich versuche, mein Entsetzen zu überspielen, als ich den Partykeller betrete. Überall hängen Waffen und Nazi-Flaggen. Den scheinbar unbedarften jungen Gästen wird Bier in Krügen mit Hakenkreuzen gereicht. Offensichtlich ist unser Gastgeber ein glühender Verehrer von Adolf Hitler. Bei den Gesprächen geht es dauernd um „Scheiß-Türken" und „Kaffer", um Frauen, „bumsen" und saufen. Mir wird bewusst, dass diese Leute selbst gar keinen Kontakt zu Schwarzafrikanern haben und voller Vorurteile stecken. Jeder Versuch, von meinen positiven Erfahrungen mit Schwarzafrikanern zu erzählen, wird im Keim erstickt. Immer öfter werde ich scharf angeblickt.

Erst fühle ich mich wie gelähmt, doch allmählich macht sich in mir eine ungeheure Wut breit. Ich bin mir meiner Ohnmacht bewusst, könnte schreien und schlagen! Als ich es nicht mehr ertrage, stehe ich auf und gehe an die frische Luft. Wie lange und wie stark Herbert die Leute hier wohl schon beeinflusst? Ich verlasse die Farm, laufe traurig und einsam durch die Nacht.

Meine Gedanken überschlagen sich, mein Kopf ist voll. Ich will zurück nach Honeydew, um wieder klar denken und die ganze Sache mit dem Rassenhass einordnen zu können. An diesem Abend schäme ich mich meiner Hautfarbe. Und ich schäme mich, ein Deutscher zu sein.

Vom Wasserfall ins Surferparadies

Vom Wasserfall ins Surferparadies

Uwe hat geschrieben. In seinem Brief kündigt er an, dass er nach drei Monaten in Namibia nun Afrika verlässt. Er wird von Johannesburg aus nach Israel fliegen. Ein Vierteljahr haben wir uns nicht mehr gesehen – eine Zeit, in der alles, was unsere Beziehung belastet hatte, in den Hintergrund getreten ist. So beschließe ich, mich noch einmal mit ihm am Flughafen zu treffen, und überrasche ihn mit einem selbst gebackenen Vollkornbrot. Uns bleibt nicht viel Zeit. In der Kurzversion tauschen wir uns über die zurückliegenden Monate und nächste Reisepläne aus, dann verabschieden wir uns endgültig.

Auf dem Rückweg nach Honeydew mache ich in meinem Lieblingsgemüseladen halt. Wie so oft unterhalte ich mich angeregt mit der äthiopischen Besitzerin, Abeba. Mitten im Gespräch holt sie plötzlich eine Schere hervor und meint: „Deine Haare sind ja so lang. Du kannst kaum mehr etwas sehen!" Dann wedelt sie vielsagend mit ihrer Schere.

Ich muss lächeln. „Na, dann leg mal los!" So bekomme ich im Gemüseladen einen Haarschnitt verpasst. Und Abeba hat recht gehabt: Danach fühle ich mich tatsächlich viel wohler.

Auch ich möchte in den nächsten Wochen weiterreisen. Ich deute Peter gegenüber an, dass die Zeit meines Aufbruchs naht. Als Dankeschön lädt er mich zu einem Wochenendurlaub an den Indischen Ozean ein. Die unendliche Weite des Meeres, die verschiedenen Blautöne des Wassers, die sich am Horizont mit dem Himmelblau verbinden – einfach herrlich! Ich genieße die Tage in vollen Zügen und fühle mich total entspannt.

Weniger entspannend ist für mich jedoch unser Gesprächsthema. Es geht um meinen Lohn. Laut der getroffenen Vereinbarung muss Peter mir noch 15.000 Rand (9000 D-Mark) zahlen. Er hat das Geld aber nicht. Nun kenne ich ja seine Situation. Ich biete ihm an, dass er mir bis zu meiner Abreise zehn Prozent des Betrages zahlen soll – und damit sei dann alles erledigt.

Vor meiner Abreise steht noch die Möbelmesse in Pretoria an. Sie läuft sehr gut für die Firma. Peter meint, dass es in seiner Schreinerei noch nie so gute Möbel gegeben habe. Und das zu Preisen, bei denen er noch etwas verdient. Ein Messeangebot kommt besonders gut an: Ein 1,50 Meter breites und mit Überdachung 1,80 Meter hohes Bett. Rundherum ist ein Vorhang mit Taschen gespannt. In den Vorhangtaschen sind dekorativ eine Sektflasche, eine Whiskeyflasche, dazugehörige Gläser und Zeitschriften platziert. Das Bett ist mit einem Spiegel überdacht, in dem sich die Liegenden betrachten können. Viele Messebesucher wollen Probe liegen und sind ganz begeistert. Peters Bücher füllen sich mit Aufträgen. Offenbar haben wir es geschafft: Die Firma steht auf einem neuen festen Fundament.

Peter schreibt mir ein Zeugnis und sagt zum Abschied: „Du kannst jederzeit wiederkommen. Gerne überschreibe ich dir die Hälfte meiner Firma!" Ich freue mich über seine Anerkennung.

Mit vielen schönen und manchen traurigen Erinnerungen sowie meinem Bündel mit Habseligkeiten mache ich mich auf den Weg. Erst geht es per Anhalter in Richtung Osten nach Mozambique, später will ich nach Kapstadt. Doch zunächst erreiche ich die Goldgräberstadt Barberton.

In der näheren Umgebung gibt es zehn Goldminen. Ob ich wohl eine davon besichtigen kann? Ich stelle mir vor, wie mich der Glanz des Goldes verzückt … Doch leider bekomme ich nur Absagen. Wer hat schon Lust, einer einzelnen Person eine Goldmine zu zeigen? Enttäuscht stelle ich mich an den Straßenrand und hebe den Daumen. Da nimmt mich Graham mit, ein Geologe, der zugleich Goldsucher ist. Er erlaubt mir, ihm bei seiner Arbeit über die Schulter zu sehen. Auf diese Weise bekomme ich Einblick in seine Arbeit, den Bergbau und die Goldsuche. Wir machen Bohrungen, Ausmessungen und werten Gestein aus. Durch ihn komme ich tatsächlich in eine Goldmine hinein.

Südafrikas Goldminen sind vermutlich die tiefsten der Welt. Die Ausgrabungen gehen der Viertausend-Meter-Marke entgegen. Mit Helm und Taschenlampen bewegt man sich über Leitern, Aufzüge, Treppen und Pfade immer weiter hinunter. Um uns herum wuselt es von Arbeitern, die für die Minengesellschaft schuften. Die Luft ist schlecht und feucht. Mal ist es heiß, dann herrscht wieder ein starker Durchzug. Dunkelheit, schlechtes Licht, Lärm und Gestein bestimmen das Leben unter Tage. Monatlich werden hier rund 25.000 Tonnen Gestein „produziert". In einer Tonne Gesteinsmaterial sind durchschnittlich sieben Gramm Gold zu finden. In welchem Verhältnis steht das denn? Was für ein Aufwand für sieben Gramm!

Die Eindrücke über die Tiefen und Schätze der Erde hallen noch in mir nach, als ich wieder unterwegs bin. Nun tippele ich Mundharmonika spielend über Felder. Ich lebe in den Tag hinein. Eine Uhr besitze ich nicht.

In der Nähe von Sabie soll es einen Wasserfall geben, den ich sehen möchte. Um die Mittagszeit wird es immer heißer und ich beschließe zu trampen. Zwei Lehrerinnen nehmen mich ein Stück im Auto mit und erklären mir, wo ich die Wasserfälle finden kann. Ich kaufe mir noch einige Früchte und gehe weiter meinem Ziel entgegen. Unglaublich, diese Hitze! Die Wege sind so schlecht, und dann auch noch bergauf laufen! Hoffentlich lohnt sich die Mühe. Aber irgendwie macht es auch Spaß.

Als ich am Ziel ankomme, bin ich überwältigt. Es ist wunderschön! Der Wasserfall ist etwa siebzig, vielleicht auch achtzig Meter hoch. Auf einer Breite von über zehn Metern fällt das Wasser herab. Ringsum unberührter grüner Wald, wild und schön. Freude breitet sich in mir aus. Übermütig reiße ich mir die Kleidung vom Leib und gönne mir eine erfrischende Dusche. Eben kommt eine Familie an, die den Wasserfall besichtigen möchte. Was die jetzt wohl denken? Egal! Auf einem Felsen sitzend sehe dem herabrieselnden Wasser zu. Ich entdecke Vögel, die immer wieder kreuz und quer durch den Wasservorhang fliegen. Offenbar versuchen auch sie sich abzukühlen.

Hier lässt es sich aushalten! Damit ich noch länger an diesem Ort bleiben kann, suche ich eine Stelle zum Zelten. Im Wald ist das schwierig, überall sind Pflanzen, Wurzeln oder Steine. Da fällt mir eine Traumstelle zum Übernachten auf: direkt hinter dem Wasserfall! Zwischen dem plätschernden Wasser und der Felssteinwand sind noch etwa acht Meter Platz, die Stelle ist sogar relativ trocken. Hier baue ich mein Zelt auf. Das Geräusch des prasselnden Wassers klingt wie ein heftiger Platzregen und begleitet mich in den Schlaf.

Am frühen Morgen ist es so kühl, dass ich am liebsten liegen bleiben würde. Ich lausche eine Weile dem Plätschern des Wassers. Mit beginnendem Sonnenaufgang überwinde ich mich aber doch und verlasse das Zelt. Zwischen den ersten Sonnenstrahlen und mir befindet sich nun der lichtdurchflutete Wasserfall. Was für eine Pracht! In aller Frühe nehme ich wieder eine eiskalte Dusche. Aaaahhhh, wie herrlich! Ich gehe an dem kleinen Bach entlang und wasche etwas Kleidung aus, bis die Sonne ganz aufgegangen ist. Auf dem Rückweg zum Zelt strahlt mir plötzlich ein kleiner Regenbogen mitten aus dem Wasserfall entgegen! Ich bleibe stehen und lasse dieses Naturschauspiel auf mich wirken. Nach einer langen Zeit des Staunens gehe ich unter dem Regenbogen hindurch. So ein schönes Erlebnis am frühen Morgen! Kann ein Tag besser beginnen?

Auch im Laufe des Tages bewundere ich wieder und wieder das Wechselspiel von Wasser und Licht. Bunte Schmetterlinge flattern umher und auch die Vögel sind wieder aktiv. Wie Pfeile schießen sie hierhin und dorthin, bekommen ein paar Wasserspritzer ab und zwitschern dabei frohgelaunt. Natur und Tiere strahlen geballte Lebensfreude aus, die auf mich überspringt. Ich verbringe noch einige Tage hier am Wasser, lese, schreibe, träume und zeichne.

Doch auch dieser Abschnitt muss ein Ende haben und so tipple ich weiter. Im Krüger Nationalpark beobachte ich fasziniert das ungewöhnliche „Wildlife": Giraffen, Elefantenherden, Hyänen,

Löwen und andere Tiere. In der Nähe von Nelspruit halte ich in einem sogenannten „Homeland" zum Essen und Fußballspielen. Was die Townships in der Nähe von Großstädten sind, das sind Homelands auf dem Land: geografisch abgegrenzte Wohngebiete der Schwarzen. Durch diese räumliche Trennung verstärkte die Apartheidpolitik die Isolierung der unterschiedlichen Rassen.

Vom Homeland geht es weiter in das eigenständige Swaziland, von dort nach KwaZulu Natal an die Küste des Indischen Ozeans, dann komme ich in die Großstadt Durban. Im Yachthafen treffe ich den Franzosen Philipe. Ob der mich wohl die tausendfünfhundert Kilometer nach Kapstadt auf seiner Yacht mitnimmt? Ich frage ihn. Er bittet um einen Tag Bedenkzeit und teilt mir dann mit, dass er doch lieber alleine reisen möchte. Schade, es wäre ja auch zu schön gewesen. Aber diesmal bin ich nicht so enttäuscht wie bei den vielen Zurückweisungen in den Häfen von West- und Zentralafrika.

Ich reise weiter über die Transkei in Richtung Uvongo. Dort habe ich noch eine Adresse von einer Familie mit deutschen Wurzeln. Ich wandere eine Weile auf Eisenbahnschienen, dann entlang einiger Nebenstraßen. Letztlich werde ich per Anhalter mitgenommen und erreiche mein Ziel.

Die Familie zählt zu den Großgrundbesitzern, sie bewirtschaftet große Zuckerrohr- und Bananenplantagen. Ich darf als Gast dort wohnen. Gleich bei den ersten Unterredungen beteuert die Familie, dass sie keine Rassisten sind. Wie schön! Hier kriege ich gute und reichliche Mahlzeiten – ich muss sogar aufpassen, dass ich nicht zu viel esse, denn seit Wochen gab es bei mir nur karge Kost.

Daniel, der Sohn der Familie, lädt mich zu einer Party mit Freunden ein. Sie findet an einem nahegelegenen Fluss statt. Mit den jungen Südafrikanern habe ich eine Menge Spaß. Uns steht ein PS-starkes Motorboot zur Verfügung. Mit dem „heizen" wir den Fluss entlang. Meistens zieht das Boot ein bis zwei Personen auf Wasserskiern hinter sich her. Das möchte ich auch ausprobieren. Meine ersten Versuche auf den Skiern klappen ganz gut. Noch mehr Spaß macht es mir aber, mich in den riesengroßen alten Reifenschlauch zu lümmeln, der mit einem Seil am Boot befestigt ist. Während das Boot dann mit hoher Geschwindigkeit abzischt, geht es darum, sich so lange wie möglich im Reifen zu halten.

Leider gibt es zwei Dinge, die den Aufenthalt bei meinen Gastgebern überschatten. Zum einen bekomme ich hin und wieder Fressattacken und schleiche mich in die gut gefüllte Speisekammer. Dann mache ich mich über die dort gelagerten Vorräte her. Manchmal esse ich so viel, dass ich mich hinterher übergeben muss. Ich schäme mich, dass ich ihre Gastfreundschaft missbrauche und mich nicht beherrschen kann. Zum andern stimmt die Behauptung meiner Gastgeber, sie seien keine Rassisten, doch nicht mit ihrem Reden und Verhalten überein. Aber da ich wegen des Essens selbst ein schlechtes Gewissen habe, traue ich mich nicht, sie daraufhin anzusprechen.

Wieder stehe ich am Straßenrand und trampe Richtung Südwesten. Ein dunkler VW-Bus braust an mir vorbei. Mehrere hundert Meter hinter mir hält er doch an. In der Hoffnung, mitgenommen zu werden, laufe ich hinterher. Der Fahrer stellt sich als Gary vor und ist auf dem Weg ins Surferparadies Jeffreys Bay. Auf der Fahrt unterhalten wir uns gut.

Kurz bevor wir Jeffreys Bay erreichen, bietet er mir an, doch ein paar Tage bei ihm zu bleiben: „Ich habe eine Lederfabrik und ein Geschäft. Da kommt mir ein deutscher Handwerker gerade recht. Ich brauche nämlich neue Regale und eine Verkaufstheke, außerdem habe ich ein Boot, das repariert werden muss. Du kannst bei mir und meiner Familie hausen."

Ich bleibe erst mal eine Nacht und will mir die Sache überlegen. Aber dann entscheide ich mich sehr schnell, sein Angebot anzunehmen. Gary hat ein großes Haus oberhalb der beliebten Bucht. Von der Terrasse aus hat man einen wunderbaren Blick aufs Meer und die Surfer. Morgens und abends tauchen scharenweise Delfine in der Bucht auf.

Garys Frau Christel ist sehr gastfreundlich. Ich bekomme ein

Gästezimmer, saubere Bettwäsche und Handtücher. Was für ein Luxus! Auch mit den beiden Kleinkindern David und Cindy freunde ich mich rasch an. In den nächsten Wochen arbeite ich für Gary und genieße den Familienanschluss. Nach Feierabend helfe ich im Haushalt, rauche ab und zu mit Gary eine Pfeife mit Marihuana oder gehe mit ihm an den Strand.

Er ist begeisterter Surfer und gewillt, mir ein paar Tricks zu zeigen. Doch es fällt mir schwer, das Gleichgewicht zu halten. Die kleinsten Wellen werfen mich schon vom Brett. Als Delfine ganz in unserer Nähe vorbeikommen, erwähnt Gary beiläufig, es gebe hier auch Haie und diese seien nicht so leicht anhand der Flossen von Delfinen zu unterscheiden. Einem leidenschaftlichen Surfer macht das wohl nichts aus, aber mich verlässt daraufhin der Mut und ich beende meine „Surferkarriere".

Stattdessen genieße ich Garys Plattensammlung, lausche Bob Dylans Texten und lese – jawohl! – in der Bibel. Die ersten Monate nach meinem Bibelkauf in Rottweil habe ich mich ja über das Buch lustig gemacht, inzwischen bin ich aber neugierig geworden. Ich fange sogar an, mit der Bibel zu sprechen: „Ja, so ist es im Leben!" – „Nein, das glaube ich nicht!" – „Das ärgert mich!" – „Das verstehe ich überhaupt nicht!" Hier im Haus steht mir neben meiner deutschen Bibel eine englische Übersetzung zur Verfügung. Ohnehin rede und denke ich schon längst mehr in Englisch.

Ich entdecke im Alten Testament die Psalmen und lese Sätze wie: „Der Herr schaut vom Himmel auf die Menschenkinder, dass er sehe, ob jemand klug sei und nach Gott frage" (Psalm 14,2). Oder: „Der Herr ist meines Lebens Kraft, vor wem sollte mir grauen?" (Psalm 27,1). An einer Stelle betet jemand: „Schaffe in mir, Gott, ein reines Herz und gib mir einen neuen, beständigen Geist. Verwirf mich nicht von deinem Angesicht, und nimm deinen heiligen Geist nicht von mir. Erfreue mich wieder mit deiner Hilfe und mit einem willigen Geist rüste mich aus" (Psalm 51,12-14).

Manchmal habe ich fast den Eindruck, dass mir da jemand aus dem Herzen spricht. Denn auch ich empfinde ähnlich wie dieser

Beter. Seine Ängste sind auch meine, seine Hoffnungen gleichen oft den meinen. So fange ich an, Zeilen aus den Psalmgebeten abzuschreiben und sie zu meinen eigenen Gebeten zu machen.

Mich von Gary und seiner Familie zu verabschieden, fällt mir nicht leicht. Doch Kapstadt ruft. Zum Abschied schreibe ich auf eine Karte „Gary, Christel, David und Cindy, für mich wird es Zeit weiterzuziehen …" Dann suche ich nach geeigneten Worten, um Auf Wiedersehen zu sagen, finde aber keine eigenen. Und so zitiere ich den Bibelvers aus den Sprüchen Salomos: „Verlass dich auf den Herrn von ganzem Herzen, und verlass dich nicht auf deinen Verstand; sondern denke an ihn in allen deinen Wegen, dann wird er dich recht führen!"

Mitten ins Herz

Mitten ins Herz

In Kapstadt quartiere ich mich erst mal in der Jugendherberge ein. Aber lange halte ich es dort nicht aus, der Gestank im Haus ist einfach unerträglich. Dieser Geruch nach Käsefüßen … mir wird regelrecht schlecht davon! Und dann auch noch dieser Krach überall! Im Gang, im Schlafsaal, in der Küche … Keine ruhige Minute ist mir hier vergönnt. Deshalb fliehe ich schon früh in den Stadtpark. Dort treffe ich Ali, einen Türken, der in Deutschland aufgewachsen ist. Er ist durch West- und Zentralafrika gereist und in Kapstadt hängen geblieben. Ich finde ihn sehr sympathisch. Wir beschließen, gemeinsam einen Ausflug auf den Tafelberg zu unternehmen.

Auf der Wanderung erzählt er mir, dass er muslimisch aufgewachsen ist. Dann hat er überzeugte Christen kennengelernt, in der Bibel gelesen und ist Christ geworden. „Und jetzt", so sagt er, „arbeite ich für Jesus."

Schon wieder so ein Verrückter, denke ich.

Zwei Tage später lerne ich durch eine Zeitungsanzeige einen Deutschen kennen, mit dem ich eine Wohnung teilen und so dem Geruch der Käsefüße entfliehen kann. Allerdings komme ich dadurch vom Regen in die Traufe. Bei Jürgen stinkt es zwar nicht nach Käsefüßen, aber er spricht eine Sprache, die mir fremd geworden ist. Nicht das Deutsch an sich, sondern seine harten und derben Aussprüche, sein Schimpfen und Fluchen. Ich mag das einfach nicht. Richtig unangenehm wird es jedoch, als sich herausstellt, dass Jürgen Pässe und andere Dokumente fälscht. Er wird bereits international gesucht und vier Wochen nach meinem Einzug aufgespürt und verhaftet.

Von irgendetwas muss ich in Kapstadt leben. Ich schlage das

Telefonbuch auf und suche nach einem möglichen Arbeitgeber. Dabei werde ich auf eine kleine, aber feine Kunsttischlerei aufmerksam. Der Besitzer, Edzard Osterwald, stellt mich ein. Zusammen mit ihm und seinem Team fertige ich individuelle Massivholzmöbel für die obere Gesellschaftsschicht an. Die Arbeit gefällt mir sehr gut.

Und noch etwas passiert in dieser Zeit. Im Café Plaizer lerne ich Amelie kennen. Für mich ist es Liebe auf den ersten Blick. Ihre Augen und ihre Haut sind haselnussfarben und sie hat eine wunderbare Art, sich zu bewegen und zu sprechen. Ich träume davon, meine freie Zeit an den Wochenenden mit ihr zu verbringen. Auf meine zaghaften Annäherungsversuche reagiert sie leider sehr zurückhaltend, zum Beispiel bringt sie zu unseren Verabredungen immer ihre Freundinnen mit. Dennoch mache ich mir große Hoffnungen.

Das Gefühl der Verliebtheit, die schöne Umgebung und die tolle Arbeit in der Kunstschreinerei lassen in mir den Gedanken entstehen, meine Wanderschaft hier zu beenden. Ich bin ja schon fast drei Jahre und einen Tag unterwegs. Soll ich mich hier niederlassen?

Doch als ich durch den Yachthafen schlendere, geraten die Gedanken ans Sesshaftwerden ins Wanken. Erneut packt mich das Fernweh. Ich höre mich bei den „Neureichen" um: Ob es hier wohl einen Skipper gibt, der einen Wandergesellen mit aufs Meer nimmt? Die ersten Antworten stimmen mich sehr zuversichtlich. Im Club-Restaurant gebe ich drei Anzeigen auf: „Junger deutscher Handwerker sucht Gelegenheit zum Mitsegeln nach Südamerika, Australien oder Neuseeland." Ich hinterlasse meine Postadresse und zwei Telefonnummern und bin gespannt, was passieren wird.

Letztendlich teilt Amelie mir mit, dass sie sich auf eine weitere Ausbildung im medizinischen Bereich konzentrieren will. Ich muss mir eingestehen, dass Amelie an einer Beziehung zu mir nicht interessiert ist. Dies ist ihre Art, mir eine Abfuhr zu erteilen.

Auch in Kapstadt verfolgen mich die politischen Unruhen. Vor einem Jahr wurde Nelson Mandela nach siebenundzwanzigjähriger Haft entlassen. Eine Welle der Begeisterung ging durch Afrika. Vor Freude wurde auf offener Straße getanzt. Doch entgegen vielen Erwartungen eskaliert die Gewalt immer mehr. In den letzten vier Monaten hat es bei Auseinandersetzungen bereits über tausend Tote gegeben.

Viele Bilder und Eindrücke prasseln auf mich ein: Demonstrationen in der Stadt, ein nicht genehmigter Protestmarsch vor das Parlament, man fordert die Freilassung einiger Hungerstreikender. Die Polizei ist im Großeinsatz. Überall Verkehrsstaus, Krawalle, Verhaftungen, versteinert blickende Polizisten, hasserfüllte Demonstranten in Gefängniswagen – gleich welcher Hautfarbe. Einige Anstifter werden von schwer bewaffneten Polizisten verfolgt. Sogar ein Taxibus wird gestoppt und Uniformierte schießen blind hinein. Diese üble Gewalt! Warum endet das denn niemals? Das ist doch reine Mordlust und purer Hass. Wie soll ich das verstehen?

Auf einer Zugfahrt zum Kap der Guten Hoffnung erlebe ich eine Situation mit Farbigen, die mich tief berührt. Ich sitze in einem Zugabteil dritter Klasse, einem Großraumwagen. An diesem Sonntagmorgen drängen sich auf beiden Längsseiten die Fahrgäste. Jüngere Männer machen älteren und Frauen Platz und stehen. Ich bin der einzige Weiße an Bord.

Als der Zug losfährt, richtet sich ein etwa dreißigjähriger Mann auf. In der linken Hand hält er eine Bibel, während die rechte jederzeit bereit ist, bei einem Bremsmanöver die Haltestange zu umklammern. In der Xhosa-Sprache liest er laut einen Abschnitt aus der Bibel vor und hält anschließend eine Art Kurzpredigt. Zwischenzeitlich hält der Zug, einige Fahrgäste steigen aus, andere ein. Der junge Mann spricht weiter. Ein kleiner Junge – vermutlich sein Sohn – hält sich währenddessen an einem Hosenbein des Redners fest und sieht stolz zu seinem Papa auf.

Die meisten Passagiere hören ihm zu, nicken immer wieder und stimmen am Ende der Rede in sein „Amen" ein. Dann fangen die

Menschen plötzlich an, ein „Halleluja-Lied" in Xhosa zu singen. Obwohl ich die Bedeutung nicht verstehe, trifft es mich mitten ins Herz. Berührt und mit feuchten Augen verlasse ich den Zug. So eine Freude. So eine Freiheit. So ein Glaube. Das hätte ich auch gerne!

Neuorientierung

Kapstadt wird für mich zu einem Ort der Neuorientierung. Die wunderbare Natur am Kap der Guten Hoffnung und am Kap Agulhas hilft mir dabei, die Erlebnisse der letzten Zeit zu verarbeiten und meine Gedanken zu sortieren. Umgeben von Sand, Felsklippen, Wind, aufschlagenden Wellen und Wasservögeln genieße ich vor allem die unglaubliche Weite. Wasser, so weit das Auge reicht. Am Horizont verschmelzen nicht nur das Meer und der Himmel. Auch Atlantischer und Indischer Ozean treffen hier zusammen.

Ich suche die Einsamkeit und entdecke die Psalmen in der Bibel neu. Wieder überrascht es mich, in ihnen meine innersten Gedanken und Gefühle wiederzufinden. Da geht es um Sorge, Angst, Versagen, Dankbarkeit und Wegweisung. Solche Abschnitte schreibe ich ab und mache sie zu meinen persönlichen Gebeten. Auf diese Weise führen mich die Psalmen in eine ganz neue Weite und Tiefe.

Mit Musik und Tanzen versuche ich mich von traurigen Gedanken – unter anderem wegen Amelie – abzulenken. Im Reggaeclub tanze ich zu den Liedern „Don't Cry" vom King of African Reggae, Lucky Dube, und Bob Marleys „Don't worry about a thing". Als ich gegen zwei Uhr morgens den Club verlasse, spricht mich ein südafrikanisches Pärchen an. Die beiden wollen mit mir über Jesus reden und fangen einfach an zu erzählen.

Nach dem Gespräch mit diesen beiden „Durchgeknallten" mache ich mich auf den Heimweg. Ich bin zwar müde, aber völlig aufgewühlt. Auf meiner Matratze knie ich mich hin und rede zu Gott: „Herr, ich verstehe so vieles nicht, was in der Bibel steht. Ich weiß nicht, wie das mit Jesus und Vergebung so funktioniert … Aber ich weiß, dass ich Vergebung brauche und die Chance, das Leben noch mal neu anzufangen. Bitte vergib mir und hilf mir…" Ich spüre Tränen auf meinen Wangen, Tränen der Befreiung. Nach und nach macht sich Dankbarkeit und Leichtigkeit in mir breit. Mir scheint, als habe ich in Gott ein Gegenüber gefunden. Und so schreibe ich in mein Tagebuch: „Ich bin so froh, dass ich diese Reise vor einiger Zeit angetreten habe, und möchte jemand dafür danken, von ganzem Herzen danken …"

Ich muss mich entscheiden, wohin meine weitere Reise gehen soll. Oder soll ich doch lieber in Kapstadt bleiben? Ich gehe das Für und Wider meiner Möglichkeiten durch.

Amelie. Ich bin traurig, dass wir kein Paar werden, andererseits ist sie kein Grund mehr für mich, hier sesshaft zu werden. Nach wie vor bin ich ungebunden und kann Entscheidungen treffen, ohne auf eine weitere Person Rücksicht nehmen zu müssen.

Meine Arbeit bei Edzard, dem Tischler, ist wunderbar. Auch die Bezahlung stimmt, mein monatlicher Lohn ist übertariflich und die Überstunden werden pünktlich ausbezahlt. Ich freue mich, dass ich auf diese Weise meine Reisekasse aufpolstern kann. Edzard versucht sogar, mich mit schöner Arbeit und einer Lohnerhöhung zum Bleiben zu bewegen. Hmm …

Auf meine Aushänge hin hat sich kein Skipper gemeldet. Ich habe keine Möglichkeit, nach Südamerika, Australien oder Neuseeland mitzusegeln. Doch diese Tatsache und die Enttäuschung darüber tun meiner Reiselust keinen Abbruch. Auch mein Fernweh bleibt …

Letztlich beschließe ich, dass ich weiterziehen muss. Ich treffe eine total verrückte Entscheidung: nämlich Kapstadt zu verlassen und über Ostafrika nach Nordafrika zu reisen. Von dort aus möchte ich mit dem Schiff nach Europa zurückkehren. Ich sitze vor ausgebreiteten Landkarten, schmiede Pläne und genieße die Leichtigkeit des Seins. Die Vorfreude überfällt mich und das Gefühl: Das Leben fängt gerade erst an!

Haschischparty

„Dave, komm, mach zu! Steig ein!", dränge ich. Der Kleinbusfahrer wartet darauf, dass er losfahren kann. Doch Dave zögert. Ich verstehe nicht, was ihn zurückhält. Wir warten doch schon so lange auf eine Mitfahrgelegenheit Richtung Namibia! Dave habe ich vorhin am Straßenrand kennengelernt. Er ist Südafrikaner und wir haben beschlossen, gemeinsam zu trampen. Warum lehnt er es bloß ab, in den Bus einzusteigen?

„Komm schon, was hast du denn?! Wer weiß, wie lange du hier noch stehen musst, bis dich mal einer mitnimmt!", rede ich auf ihn ein. Ich sehe, wie er versucht, über seinen Schatten zu springen. Er atmet tief durch, gibt sich einen Ruck und steigt ein. Während der Fahrt spreche ich das Thema nicht an, doch später komme ich darauf zurück. Ich frage ihn, warum er vorhin so gezögert hat. Er antwortet: „Das waren Schwarze! Das war das erste Mal in meinem Leben, dass ich mit Schwarzen in einem Auto gefahren bin. Mir war ganz schön mulmig!"

Das macht mich betroffen. Dave ist zu diesem Zeitpunkt schon fünfundzwanzig Jahre alt! Ich war mir der Problematik zwar bewusst, aber dieses Erlebnis zeigt mir noch einmal die Ausmaße der Rassentrennung.

Im Laufe des Tages lernen Dave und ich noch einige junge Weiße kennen. Abends sitzen wir in einer düsteren Anliegerwohnung zusammen. Ich frage, ob sie „was zum Rauchen" haben. Da ich regelmäßig Hasch rauche, verwende ich automatisch diese unter Kiffern bekannte Redewendung. Die anderen verstehen mich und werden sofort aktiv. Sie besprechen sich kurz und schicken zwei junge Männer los, um Haschisch zu besorgen. Die kleine Party läuft weiter, wir trinken, paffen Zigaretten, reden, tanzen und lachen. Die beiden Boten kehren nicht zurück. Ungeduldig frage ich mich, wo die Jungs mit dem Haschisch bleiben.

Da bemerke ich, dass auch einige andere nervös geworden sind. Sue erklärt mir, in dem nahegelegenen Township seien kürzlich zwei Weiße bei der Haschischbeschaffung ums Leben gekommen. Ihre Worte treffen mich mitten ins Herz und ein mulmiges Gefühl läuft wie eine Welle durch meinen Körper. Ich bin nervös.

Innerlich habe ich mich längst aus der Party ausgeklinkt. Auf dem Boden sitzend denke ich nach, aber dann gehe ich raus an die frische Luft und blicke in den dunklen Nachthimmel. Ich hoffe und bete, dass die Haschischboten bald wiederkommen. Egal, ob mit oder ohne Stoff, Hauptsache, ihnen ist nichts passiert. Ich kehre in den Partyraum zurück. Teilnahmslos hocke ich mich wieder auf den Boden, die Knie angewinkelt, den Kopf in die Hände gestützt. Inzwischen ist eine gefühlte Ewigkeit vergangen.

Lauter Jubel bricht auf, als die beiden Boten endlich eintreffen. Eine Haschisch-Pfeife und ein Joint werden herumgereicht. Als ich an der Reihe bin, mache ich einen kräftigen Zug, allerdings soll dies mein letzter sein. In der nächsten Runde gebe ich das Zeug weiter. Ich schäme mich, dass die beiden meinetwegen losgezogen sind – und ausgerechnet ich rauche jetzt nicht mehr mit …

Ich verlasse den Raum, gehe ins Freie und schaue wieder zum Nachthimmel hinauf. Klaus, du bist ein Idiot, sage ich mir. Nur weil du bei anderen cool wirken wolltest, hast du Leute in große Gefahr gebracht! Ab heute rühre ich keinen „Shit" mehr an.

Nächtliche Besucher

Ziegelrot und himmelblau. Trocken, heiß und staubig. Bizarre Formen, exotische Schönheit. Das ist Namibia.

Ich stehe am Abgrund des Fish River Canyons und blicke nach unten. Die Größe und Pracht des zweitgrößten Canyons der Welt raubt mir den Atem. Der rötliche Fels, die tiefen Schluchten und der endlos wirkende blaue Himmel darüber vermitteln mir ein Gefühl von Weite und Freiheit. Lange bleibe ich stehen und versuche, mir diesen Anblick einzuprägen.

Später verlasse ich den Canyon. Ich befinde mich in der öden, einsamen Wüstenlandschaft und warte an einer Straßenkreuzung auf eine Mitfahrgelegenheit. Müde gehe ich ein Stück die Straße entlang. Eigentlich ist es eher eine Staubpiste, die immer geradeaus führt, bis sie irgendwo in der Unendlichkeit zu verschwinden scheint. Die Landschaft wirkt wie ausgestorben, tot und ausgebrannt. Es gibt nur wenig Vegetation, ein paar grüne Büsche und dürres Gras. Fels, Steine und Staub bestimmen das Bild.

Bis in den späten Abend gelingt es mir nicht, eine Mitfahrgelegenheit in Richtung Seeheim zu bekommen. Über mir wölbt sich der Sternenhimmel und auch der Vollmond scheint schon, obwohl die Sonne gerade erst untergegangen ist. In kräftigem Orangerot glüht der westliche Horizont. In der Nähe der Straßenkreuzung setze ich mich auf den Boden und schreibe beim Licht einer Kerze die Erlebnisse des heutigen Tages auf. Vor allem die Schönheit des Fish River Canyon versuche ich in Worte zu fassen, denn er hat mich heute am meisten beeindruckt.

Anschließend baue ich in sicherer Entfernung zur Straße mein Zelt auf. Doch irgendetwas scheint da nicht zu stimmen ... O nein, was ist das! Die Firma, die mein Zelt reparieren sollte, hat mir den

Haupteingang des Innenzeltes zugenäht, anstatt den Reißverschluss auszutauschen. Wie soll ich da jetzt hineinkommen? Sieht mein Zelt denn so schlimm aus, dass man den Eingang mit einem Riss verwechseln kann? Ich muss schmunzeln, ärgere mich aber gleichzeitig über mich selbst – das hätte ich auch gleich kontrollieren können! Und noch etwas ist nicht in Ordnung: Mein vier Liter großer Wassersack hat einige kleine Löcher, aus denen ganz leicht das Wasser entrinnt. Aber was kann ich hier draußen schon dagegen tun? Ich trenne den Haupteingang zum Innenzelt auf und lege mich schlafen.

Mitten in der Nacht werde ich plötzlich durch laute Geräusche geweckt. Im Halbschlaf kommt es mir vor, als stünde mein Zelt direkt im Scheinwerferlicht! In dieser nächtlichen Einsamkeit muss von irgendwoher doch ein Auto aufgetaucht sein. Ein Überfall?, fährt es mir durch den Kopf. Hoffentlich nicht! Bewegungslos warte ich und lausche, was da vor sich geht. Ich kann die Geräusche nicht einordnen. Neugierig öffne ich doch das Zelt – und staune: Wahnsinn!

Der Vollmond steht in voller Pracht senkrecht über mir, sodass die Nacht fast taghell ist. Eine große Herde Zebras und Kudus umringt mein Zelt. Alles ist ganz friedlich. Menschen sind nicht zu sehen. Irgendwo in weiter Entfernung höre ich Affengebell. Schakale oder Hyänen heulen dazu. Der Anblick der grasenden Herde weckt eine große Ehrfurcht in mir. Ich schaue mir die faszinierende Szene eine Weile an, sauge sie regelrecht in mich auf – und krieche dann glücklich in meinen warmen Schlafsack zurück.

Als ich mit der Morgendämmerung erwache, sind meine nächtlichen Besucher spurlos verschwunden. Später frage ich mich, ob ich in der Nacht leichtsinnig gehandelt habe. Ich weiß relativ wenig über die hiesige Tierwelt und weiß nicht, ob sie Menschen gegenüber angriffslustig sind. Ich will in keiner Weise die Natur und Tierwelt stören. Wie schön wäre es, wenn ich öfter ein stiller Betrachter dieser Schöpfungswunder sein könnte.

Donnernder Rauch

Ich muss völlig verrückt sein, doch der Traum lässt mich nicht los. Eigentlich könnte ich in der namibischen Stadt Swakopmund beim Sohn eines Wandergesellen bleiben, der dort eine Schreinerei aufgebaut hat. Aber vor meinem inneren Auge sehe ich Ostafrika, das mich reizt, und Nordafrika, von wo aus ich mit einem Schiff nach Europa übersetzen möchte. Zwölftausend Kilometer quer durch Afrika, Wahnsinn!

Zeitungen im südlichen Afrika haben kürzlich berichtet, dass sich der Bürgerkrieg in Angola beruhigt hat. Nach über sechzehn Jahren Kampf scheint das Ende des Krieges in Sicht zu sein. Spontan mache ich mich auf den Weg zur Grenze nach Angola.

Beim Tippeln schrecke ich jede Menge Fasanen auf, die im Buschgras liegen. Bunte Schmetterlinge umschwärmen mich und ich begegne Vögeln, deren Gefieder in allen möglichen Blautönen leuchtet. Die Natur ist faszinierend in dieser Gegend.

Als krassen Kontrast dazu erlebe ich das Grenzgebiet. Einöde, löchrige Zäune, verrostete Metallgitter und ein völlig ruiniertes Dienstgebäude. Diese Grenzruine ist von Einschusslöchern durchsiebt. Kleine Patronenhülsen stecken im Mauerwerk. Offenbar wurden auch größere Geschosse auf das Dienstgebäude abgefeuert, denn ich entdecke faustgroße Einschlaglöcher an den Wänden.

Das alles kann mich nicht abschrecken, im Gegenteil: Meine Neugier wächst. Ich vermute, dass dieses gebeutelte Land bald großes Weltinteresse auf sich ziehen wird, besonders von denen, die sich an ihm bereichern wollen. Denn Angola ist reich an Mineralien und Bodenschätzen. Doch man gewährt mir keinen Einlass, sogar Bestechungsversuche bleiben erfolglos. Im Land sei es noch zu gefährlich, teilen mir die bewaffneten und gelangweilten Militärs mit.

Neben der noch immer instabilen politischen Lage seien vor allem die Landminen lebensgefährlich.

So reise ich über Ovamboland an die Victoria-Wasserfälle. Das Wasser des zweieinhalbtausend Kilometer langen Sambesi-Flusses stürzt hier auf einer Breite von fast zwei Kilometern in die Tiefe – hinunter in eine hundertzehn Meter tiefe schmale Schlucht. Ich stehe oben auf den Klippen und lasse alles auf mich wirken. Der Anblick ist berauschend für alle Sinne, besonders das Tosen des fallenden und aufschlagenden Wassers. Obwohl ich mehrere hundert Meter entfernt stehe, spüre ich kühles Wasser auf meiner Haut. Ein wahrer Sprühregen hüllt mich ein, denn aus dem Canyon steigt eine gewaltige Nebelwolke auf. Sie enthält so viel Feuchtigkeit, dass sie in der Umgebung ein regenwaldartiges Klima schafft. Dreimal beobachte ich, wie die Morgensonne vor dem Sprühnebel einen Regenbogen hervorbringt. Der Name der Einheimischen für die Victoriafälle – „Donnernder Rauch" – erscheint mir sehr passend, denn tatsächlich erinnert die Nebelwolke an Rauch und das Tosen des Wassers an Donner.

Später sitze ich in einem Nobelhotel und genieße für wenig Geld ein vorzügliches Frühstücksbuffet. Während ich einen Brief an Uwe schreibe, bin ich immer noch wie benommen von dem gigantischen Naturschauspiel.

Mütter sind eben so!

„So eine Scheiße!" Seit Längerem schlage ich mich mit starkem Durchfall herum. Warum, weiß ich nicht. Voller Selbstmitleid schleiche ich am Straßenrand entlang. Wäre ich doch lieber zu Hause geblieben! Warum bin ich hier? Um an Durchfall zu leiden? Musste es denn unbedingt Afrika sein? Ich hätte das Wasser abkochen sollen! Und nie hätte ich in dieser Bäckerei einkaufen sollen – bei all den Fliegen im Laden. Oder waren es die Tomaten? Vielleicht auch die Erdnüsse. Es könnte aber auch die Strafe dafür sein, dass ich in Europa mehrmals Autofahrer verflucht habe, indem ich ihnen drei Tage Durchfall wünschte …

Mein Gepäck hat sich noch nie so schwer angefühlt wie heute. Ich habe weiche Knie, meine Beine und Füße sind so schwer, als ob mir jemand Blei in die Stiefel gegossen hätte. Schon strömt die nächste Hitzewelle durch meinen Körper. Ich taumele, obwohl ich erst seit einer halben Stunde tippele. Lautstark beschwert sich mein Magen, Schweißperlen rinnen mir die Stirn hinunter.

Auf dem Weg zum Stadtrand von Mutare sind die Straßen mit Häusern und Hütten gesäumt. Verzweifelt halte ich Ausschau nach einem Busch, hinter dem ich meine nächste Notdurft erledigen könnte. Ich fühle mich beschissen, im wahrsten Sinne des Wortes. Wahrscheinlich macht mir deshalb der Auspuffgestank in der Stadt besonders zu schaffen. Er ekelt mich richtig an. Ist denn heute alles gegen mich? Ich fange an zu beten.

Da hält ein Fahrzeug neben mir. Eine rot gebrannte Weißhaut nimmt mich Häufchen Elend mit. Malcolm erzählt mir, dass er mit Holz handelt. Als er herausfindet, dass ich Schreiner bin, fragt er mich, ob ich nicht in Simbabwe arbeiten will.

„Eher nicht", antworte ich. Als er wissen will, warum, sage ich:

„Nun, solange ich noch ein bisschen Geld in der Tasche habe, denke ich nicht ans Arbeiten." Wir lächeln beide. Ich ahne, dass er mich irgendwie versteht oder zumindest Nachsicht mit mir hat.

Malcolm lädt mich zu sich nach Hause ein, um meine Durchfallerkrankung auszukurieren. Seine Frau kocht Tee, gibt mir trockene Kekse und Tabletten. Ich bin froh, dass mir keine weiteren Fragen gestellt werden, lege mich zu dem jungen Schäferhund unter einen schattigen Baum im Garten und schlafe ein. Erst abends wache ich zu leiser klassischer Musik auf. Es rührt mich, dass Tee, Kekse und eine Durchfalltablette schon auf mich warten.

„Sue, das ist ja wie bei Muttern zu Hause. Danke!", sage ich zu meiner Gastgeberin. Sie meint nur: „Weißt du, ich habe drei Kinder aufgezogen. Ist schon gut. Mütter sind eben so!"

Schlangen und Elefanten

Nachdem Sue und Malcolm mich aufgepäppelt haben, reise ich weiter durch Simbabwe in Richtung Sambia. Ich wandere an kilometerlangen Zitronen- und Orangenplantagen vorbei. Die Früchte leuchten schon in kräftigem Gelb und Orange. Meinem Magen geht es wieder gut, und ich kann es mir nicht verkneifen, „Mundraub" zu begehen. Ich freue mich über meine wiedergewonnene Gesundheit. Fröhlich singe ich: „Heute hier, morgen dort, bin kaum da, muss ich fort ..."

Plötzlich höre ich ein lautes Rascheln. Erschreckt weiche ich zurück. Eine armdicke Schlange hat sich im Grasstreifen neben der Straße verkrochen. Wie immer, wenn ich Schlangen begegne, bin ich unsicher, wie ich mich verhalten soll. Angeblich sind sie sehr scheu und verschwinden, wenn der Boden in ihrer Nähe nur leicht vibriert. Doch da gibt es auch die Puffotter, die gut getarnt wartet, bis ihr Opfer auf sie tritt, um dann zuzubeißen. Und der Biss ist giftig.

Als sich ein Auto nähert, hebe ich den Daumen. Ein alter grauer Pick-up hält an.

„Hi. Fährst du Richtung Norden?", frage ich den Fahrer des eingestaubten Autos. Er nickt und stellt eine Gegenfrage: „Hast du einen Führerschein?"

„Ja, ich habe einen internationalen Führerschein."

„Würdest du fahren?", bittet mich der Mann. „Weißt du, ich habe ein taubes Bein." Mit schmerzverzerrtem Gesicht schiebt er sich auf den Beifahrersitz und lässt mich auf dem Fahrersitz Platz nehmen. Dann erklärt er mir die Hebelgangschaltung, Blinker und Lichtschalter. Ich fahre los. Die beiden Außenspiegel sind zersplittert, die Lenkung hat beängstigend viel Spiel und das ganze Gefährt klappert.

Antony stöhnt erleichtert auf und sagt: „Bis du kamst, bin ich abwechselnd mit dem linken Fuß und dem Stock gefahren." Er deutet auf einen Holzknüppel, der einen Meter lang und vier Zentimeter dick ist. Dann erzählt er, dass er kein Gefühl im Bein habe, drei Monate im Krankenhaus gewesen sei, aber nichts Genaues über die Ursache wisse. „Zu viel rotes Fleisch, Zigaretten und Alkohol, meinen die Ärzte. Verdammte Hölle. Jetzt esse ich nur noch Huhn und Fisch. Aber von Zigaretten und Whisky kann ich die Finger nicht lassen."

O weh, da vorne steht die Polizei am Straßenrand. Natürlich winkt sie uns heraus. Der Beamte verlangt meinen Führerschein und schreibt die Wagennummer auf. Schließlich fordert er mich auf, die Hupe zu drücken, dann darf ich weiterfahren. Der zersplitterte Außenspiegel scheint ihn nicht zu interessieren. Nach welchen Kriterien wird hier wohl kontrolliert?! Und was wäre passiert, wenn er Antony am Lenkrad erwischt hätte, mit seinem Stock die Pedale drückend?

Die Autofahrt bleibt auch weiterhin spannend. Wir passieren Kuh- und Ziegenherden, einmal sogar eine Affenbande. Immer wieder muss ich scharf bremsen. Doch mindestens so viel Angst wie die wilden Tiere flößen mir die überfüllten Überlandreisebusse ein. Der Korpus des Busses vor mir fährt schätzungsweise zehn bis fünfzehn Grad schräg zur Lenkung des Busses und der Straße. Seine dicke schwarze Abgaswolke hüllt mich ein und zwingt mich zu bremsen. Ich bin froh, als er irgendwann abbiegt.

Antony erzählt von sich. Er ist gebürtiger Brite, achtundfünfzig Jahre alt und lebt schon im südlichen Afrika, seit er zwanzig ist. Seine Ehe wurde geschieden. Er hat zwei Söhne, die als Farmer hier im Land arbeiten. Er selbst ist als Elektriker bei einem Wasserwerk angestellt.

Während seiner Ausführungen raucht er und schluckt ein paar Pillen. Mit einer streng riechenden Eukalyptuslotion reibt er sein Bein ein. Mehrmals stöhnt er erleichtert: „Was für eine Befreiung!" Die Sonne scheint auf sein gefühlloses Bein, und schließlich schläft er ein.

Vom Fahrersitz aus beobachte ich das Leben und die Bewegung um uns herum. Ich entdecke Warnschilder, auf denen Elefanten abgebildet sind. Wie zum Beweis liegt in kurzen Abständen Elefantenkot auf der Fahrbahn. Blumentopfgroß! Dann sehe ich die Elefanten, aber auch Impalas, Zebras und einen Vogel Strauß.

Händler haben große Hinweisschilder mit Würmern aufgestellt und bieten ihre delikaten Tierchen zum Verzehr an. Männer schneiden, bündeln, lagern und verkaufen das lange Gras, das am Straßenrand wächst und zur Überdachung von Hütten und Häusern verwendet wird. Auch die Baumwollernte ist in vollem Gange. Einige Felder sind noch prachtvoll weiß, andere sind abgeerntet. Zwecks Schädlingsbekämpfung hat man sie abgebrannt, der stechende Geruch von Rauch hängt noch in der Luft. Baumwolle, die beim Ernten weggeweht wurde, hat sich am Straßenrand verfangen und sieht aus wie schmutziger Altschnee.

Die majestätischen Boababbäume (Affenbrotbäume) beeindrucken mich. Immer wieder treten sie groß in Erscheinung. Ich sehe sogar einen mit einem Stammdurchmesser von mindestens fünf Metern.

Nach einigen Pausen und langer Fahrt kommen wir schließlich in Kariba an. Anthony hat mir bereits angeboten, ein paar Tage bei ihm zu bleiben. Ich freue mich, so schnell eine Unterkunft gefunden zu haben. Kariba ist eine kleine Stadt, die sich über Berg und Tal in mehrere Teile zerstreut. Sie liegt am Karibasee, im Süden Simbabwes, gleich an der Grenze zu Sambia. Der See ist zweiundvierzig Kilometer breit und knapp dreihundert Kilometer lang und ist etwa zehnmal so groß wie der Bodensee. Abends meint Antony, es komme schon mal vor, dass Elefanten oder Löwen durch die Stadt streunen. Beim Einschlafen schreckt mich lautes Trompeten auf. Es klingt, als stünde ein Elefant direkt neben meinem Bett! Und siehe da, am nächsten Tag entdecke ich Elefantenkot gleich vor unserem Haus.

Der Elektriker ist schon früh zur Arbeit gegangen. Auch ich verlasse das Haus und begebe mich auf Erkundungstour. Schon nach

den ersten Kilometern entdecke ich eine noch schlafende Büffel-
herde, später auch Elefanten. In einem Township schlängle ich
mich durch eine unendlich lange Spalierstraße von Schulkindern,
die mir stolz ihre Englischkenntnisse vorführen möchten. Plötzlich
stürmt ein Mann wütend herbei. Er verscheucht die Kinder und
entschuldigt sich bei mir, die Kinder seien dumm, sie sprächen kein
Englisch. Mir ist das unangenehm. Ich sage: „Wenn jemand dumm
ist, dann ich. Ich spreche nämlich nicht eure Shona-Sprache."

Ganz nah am Seeufer wundere ich mich über ungewohnte Geräusche. Was das wohl ist? Ich kämpfe mich durch das hohe Schilf-
gras und blicke auf eine Sandbank, die mit dem Ufer verbunden ist.
Da stehen acht massige Nilpferde mit zwei Jungtieren. Im Wasser
selbst tummeln sich weitere zehn Artgenossen, die immer wieder
untertauchen. Oft sieht man ihre Körper gar nicht, sondern nur die
Glubschaugen. Ich finde es ulkig, wenn sich so ein Fleischberg aus
dem Wasser auf das Festland hievt, sein übergroßes Maul aufreißt
und Laute von sich gibt, die sich anhören wie das trockene Husten
eines Kettenrauchers.

Auf dem Rückweg passiere ich wieder das Township. Dabei sticht
mir ein Schild ins Auge: „Hair-Cutting". Einen Friseur könnte ich
wirklich brauchen. Ich betrete den Laden, werde jedoch vom Besitzer wieder weggeschickt. Er habe noch nie die Haare eines Weißen
geschnitten und keine Erfahrung mit so glatten Haaren, erklärt er.
Nun, nebenan gibt es noch einen „Hairdresser".

Der Besitzer hat die Figur eines Ringers oder Boxers – und er
traut sich zu, mir die Haare zu schneiden. Ich lasse mich auf dem
klapprigen Holzstuhl vor dem Spiegel nieder. Fest wickelt er mir
ein Handtuch um den Hals und fragt mit tiefer, kratziger Raucher-
stimme: „Wie kurz?"

Ich sehe ihn im Spiegel an. Der massige Körper wirkt auf mich
Furcht einflößend. Worauf habe ich mich da nur eingelassen? Dem
Mann wäre ich im Ernstfall körperlich nicht gewachsen. „Nicht
ganz so kurz", antworte ich verzagt.

Er legt los. Zwischendurch gebe ich ein paar Anweisungen, wo er bitte mehr und wo weniger abschneiden soll. Mein Vertrauen in ihn wächst. Als ich mich zum Schluss im Spiegel betrachte, bin ich zufrieden. Ich gebe ihm zum vorher vereinbarten Preis noch ein Trinkgeld dazu. Da huscht das erste Mal ein Lächeln über sein breites Boxergesicht.

„Du musst Bemba lernen!"

Lusaka, die Hauptstadt Sambias. Die Stadt ist die Heimat von etwa einer Million Menschen. Hier pulsiert das Leben, es ist bunt, laut und gefährlich. Auf der Suche nach einem Nachtquartier streife ich durch die Stadt. Mitten in der Innenstadt finde ich, was ich suche: Der Garten der Heilsarmee ist optimal. Eine drei Meter hohe Mauer und ein Stacheldrahtzaun bieten Schutz vor Eindringlingen. Dennoch ist an Schlaf nicht zu denken. Lusaka findet auch nachts keine Ruhe: Motorengeräusche, Rufe, Klappern und allerlei sonstiger Stadtlärm, aber auch Schüsse und Polizeisirenen halten mich wach.

Mein nächstes Etappenziel heißt Malawi. Um dorthin zu gelangen, nutze ich jede Mitfahrgelegenheit. Ganz egal, ob mit öffentlichen Verkehrsmitteln, als Passagier auf Bussen und Lastern oder per Anhalter. Hauptsache, ich komme einige hundert Kilometer weiter. Leider sind die öffentlichen Verkehrsmittel grundsätzlich verspätet – und zwar nicht nur um ein paar Minuten! Eine Verspätung von vier bis sechs Stunden ist völlig normal. Daher bin ich froh, dass ich auf einem Holzkohlelaster mitfahren darf. Auf seiner Ladefläche passiere ich Dörfer, Maisfelder und Baumwollplantagen.

In einem kleinen Dorf steigen Passagiere mitsamt ihren sieben Zentnern Erdnussernte zu. Drei Frauen im Alter von ungefähr zwanzig, vierzig und siebzig Jahren klettern auf den schmutzigen Wagen. Die Jüngste hat ein drei Monate altes Baby mit einem großen bunten Tuch auf ihrem Rücken festgebunden. Die sehr robust gebaute Vierzigjährige hat Schwierigkeiten, auf die Ladefläche zu steigen. Andere Passagiere helfen ihr – sowohl vom Boden als auch von der Ladefläche aus. Sie drücken und ziehen ... Als die Frau endlich an Bord ist, macht sich Erleichterung breit.

„Muli Shani?", spricht sie mich herzlich in ihrer Sprache an, wobei sie fröhlich strahlt. Ich entschuldige mich auf Englisch, dass ich ihre Sprache nicht verstehe. Lachend antwortet sie, ebenfalls auf Englisch: „Du musst Bemba lernen! Wir alle hier sprechen meine Sprache."

„Ja, aber für mich ist es schwer. Ich bin alle paar Wochen in einem anderen Gebiet, und die Sprache dort ist immer eine andere", erkläre ich. „Aber wenn ich eine Tochter von dir heirate, werde ich sicherlich die Bemba-Sprache lernen!"

Die anderen Passagiere haben unserem Gespräch gelauscht und brechen in fröhliches Lachen aus.

Muskelmänner

„Kikeriki!" Der erste Hahnenschrei reißt mich aus dem Schlaf. Noch etwas müde schlage ich die Augen auf und plötzlich fällt mir wieder ein, wo ich bin. Aufgeregt, wie ich bin, kann ich es kaum erwarten, das malawische Mulanje-Bergmassiv, an dessen Fuß ich mich befinde, bei Tageslicht zu sehen. Als ich am Vorabend ankam, war es schon dunkel.

Schnell öffne ich meinen Schlafsack, stehe auf und blicke mich um. Ja, es ist beeindruckend: Das Mulanje-Massiv ragt mit seinen gewaltigen dreitausend Metern vor mir auf. Es ist das Höchste, was Zentralafrika zu bieten hat! Heute werde ich wandern. Ich wasche mich, nehme ein Frühstück aus Kaffee und Weißbrot mit Margarine zu mir und mache mich auf den Weg in die Berge.

Schmale und steile Pfade führen aufwärts. Immer wieder bleibe ich stehen und genieße die Aussicht. Mein Blick schweift in die Ferne über die sanften Hügel, die zum Berg hin langsam anwachsen, bis zum diesigen Horizont. Zum Glück ist es noch wolkig, denke ich, sonst wäre es für eine solche Wanderung viel zu heiß!

Ich bin schon einige Zeit unterwegs, als ich ein Holzwerk passiere. Nun kommen mir alle paar Minuten muskulöse Männer mit nacktem Oberkörper entgegen. Ich schätze, dass sie zwischen fünfzehn und fünfundvierzig Jahre alt sind. Sie tragen bis zu vier lange Bohlen auf dem Kopf, je nach Holzdicke. Ich spreche sie an und erfahre, dass sie diese Strecke zweimal täglich zurücklegen. Dabei werden sie nach Stückzahl und Größe der beförderten Bretter bezahlt. Bei meinem weiteren Anstieg bin ich gezwungen, immer neuen Arbeitern auszuweichen.

Oben erwartet mich ein überraschendes Szenario: Waldarbeiter schwingen ihre Äxte und schlagen massige Fichten. Mit Ochsen,

Seilen und Muskelkraft wird ein Baum auf ein Gerüst am Berghang gezerrt. Dann platzieren sich zwei Männer, die zusammenarbeiten: einer auf dem Stamm, der zweite unter dem Gerüst. Mit einer großen Blattsäge verarbeiten sie den Baum zu Bohlen. Tag für Tag, Monat für Monat. Reine Handarbeit! Und das ist ein Sägewerk im Zeitalter des Computers, der Raumfahrt und der Genforschung, denke ich.

Frisch besohlt

An diesem Abend möchte ich auf einem Berg im Freien übernachten. Neben mir knistert ein Lagerfeuer, die Isomatte und meinen Schlafsack habe ich schon bereitgelegt. Eine Zeit lang bleibe ich neben dem Feuer sitzen und lege ab und zu Holz nach. Da weit und breit kein Mensch ist, der mich hören könnte, pfeife, summe und singe ich vor mich hin. Irgendwann krabble ich in meinen Schlafsack, der angenehm vorgewärmt ist. Gut, dass ich Feuer gemacht habe, denke ich.

Auf dem Rücken liegend blicke ich zum Nachthimmel auf. Der Sternenhimmel in Malawi ist atemberaubend. Heute Nacht scheint kein Mond, weshalb die Sterne noch deutlicher zu sehen sind. Irgendwie scheinen sie der Erde nähergerückt zu sein. Da, eine Sternschnuppe!

In dieser Nacht wird es bitterkalt. Immer wieder wache ich auf, weil ich friere. Jedes Mal lege ich Holz nach und betrachte die Sterne, bis ich wieder einschlafen kann. In den frühen Morgenstunden kommt ein eisiger Wind auf, an Schlaf ist nicht mehr zu denken. Während ich aufstehe, schießt mir ein Gedanke durch den Kopf: Ob es hier wohl wilde Tiere gibt? War ich wieder einmal zu leichtsinnig?

Es bleibt sehr windig und kalt. Die Sonne hält sich bedeckt. Ich mache mich auf den Weg zurück in das Dorf, von dem aus ich auf den Berg gestiegen bin. Der Abstieg geht schnell und die Gegend ist sehr schön, doch ich merke beim Laufen, wie heruntergekommen meine Stiefel mittlerweile sind. Da werde ich etwas unternehmen müssen …

Ich folge einer Sandstraße an Kaffee- und Teeplantagen vorbei, bis ich endlich eine Mitfahrgelegenheit zur Kleinstadt Mulanje bekomme. Dort buche ich mich in einem „Rest-House" ein und gehe zum Markt. Ob ich wohl einen Schuhmacher finde, der meine müden Stiefel wieder auf Trab bringen kann? Tatsächlich, ich muss nicht lange suchen. Der Mann begutachtet meine heruntergekommenen Absätze und wir handeln einen Preis für die Reparatur aus.

Als er sich an die Arbeit macht, bleibe ich dabei und beobachte ihn. Erst zieht er den zum Teil noch vorhandenen Gummibelag ab und die Nägel heraus. Der Absatz wird gereinigt. Dann beginnt er, aus einem alten Lkw-Reifen einen neuen Belag anzufertigen. Er schneidet die ungefähre Größe aus dem Reifen, dann wird der harte Gummi auf die gewünschte Dicke gebracht. Wiederholt zieht der Handwerker sein selbst gemachtes Messer über einen Schleifstein und taucht es anschließend ins Wasser. Mit dem geschärften Messer setzt er seine Arbeit fort. Er fixiert den noch zu großen Belag mit einem Nagel in der Mitte der Sohle. Am Sohlenrand entlang befestigt er mit vielen Nägeln den Absatz und entfernt das überschüssige Material. Dann kommt die Feinarbeit: Mit einem groben Stein wird der neue Absatz eben geraspelt. Schließlich näht der Schuhmacher mit geübten Stichen die sich lösenden Spitzen der Schuhsohle wieder am Stiefelleder fest.

Als ich bezahle, danke ich dem Mann herzlich. Beide Absätze hinterlassen nun Autoreifen-Spuren. Im linken Schuh zähle ich neunzehn neue Nägel im Absatz, rechts sind es achtzehn. Afrika!, denke ich ehrfürchtig und muss schmunzeln.

Meine Begeisterung für die Lebensweise der Menschen in Afrika wird von Tag zu Tag größer. Zugleich wächst in mir der Wunsch, eine Arbeit anzunehmen und anspruchsvolle Möbel herzustellen. Allerdings … Auf diesem Kontinent herrscht ein solcher Mangel an grundlegenden Dingen wie Kleidung, Nahrung, Medikamenten – und dann träume ich davon, schöne Möbel herzustellen! Irgendwie passt das nicht zusammen. In einem ruhigen Moment notiere ich in meinem Tagebuch:

„Bin ich nicht ein egoistischer Arsch? Ich danke dir, lieber Gott, von ganzem Herzen. Ich bin froh, dass du mich in die Fremde geführt hast. Ich danke dir für all die Begegnungen, die du mir geschenkt hast. Ja, ich liebe mein Leben. Doch wozu hast du mir das alles gezeigt? Dass ich jetzt mehr Sorgen habe? Mehr Träume, Wünsche und all die Sehnsüchte, sodass alles manchmal schwer zu ertragen ist? Bin ich denn ungeduldig? Entschuldige! Ich baue weiter auf dich in der gewissen Hoffnung, dass du mir den rechten Weg zeigst, wo ich mit meinem kleinen Leben irgendwo in dieser wundervollen Welt nütze bin."

Wäsche gefällig?

„How about washing, Sir? We make special price!" – In Cape Maclear sitze ich am Malawisee unter einem Mangobaum und erhole mich von den letzten Reisestrapazen. Inzwischen haben mir schon Dutzende Kinder angeboten, meine Wäsche zu einem Sonderpreis zu reinigen. Ich lehne ihre Angebote ab und beobachte das Treiben am See. Fischer gleiten in ihren Kanus dahin. Nilpferdherden tauchen unter und wieder auf. Ein Königsfischer lauert auf Beute und erweist sich als geschickter und erfolgreicher Jäger. Am Ufer schnattern Gänse, und die dort arbeitenden Frauen stehen ihnen in nichts nach. Sie sind dabei, Geschirr abzuspülen, Wäsche oder auch ihre Kinder zu waschen und Wasser zu holen.

Ich genieße die wärmer werdende Morgensonne auf meiner Haut, als plötzlich eine Kinderhorde auf mich zukommt. Sie haben einen selbst gemachten „Fußball" dabei, auf den sie sehr stolz sind. Er besteht aus alten zusammengeknüllten Plastiktüten und Schnüren.

Die fragen jetzt bestimmt gleich wieder nach meiner Wäsche, schießt es mir durch den Kopf. Doch noch ehe einer von ihnen zu Wort kommt, spreche ich *sie* an: „How about washing? How about washing?" Dabei gebrauche ich genau ihre Worte und Gesten, fasse ihre Lumpen an und mache ihnen einen „special price". Sie sind ganz perplex. So, damit wäre das Thema aus der Welt. Wir wenden uns viel wichtigeren Dingen zu: Fußball spielen, und zwar barfuß. Danach springen wir total verschwitzt und verstaubt in den See und erfrischen uns.

Gleich nach der Mittagspause stehen die Kicker schon wieder vor mir. „Ich muss auf das nächste Spiel verzichten", erkläre ich und deute auf meine wunden Fußsohlen. Statt Fußball zu spielen stürzen wir uns noch einmal in den See. Nach dem Baden greift ein Junge namens Dyson nach seinen Klamotten, um sich anzuziehen. Die Kleidung besteht nur aus zerrissenen Stofffetzen. Mitleidig fordere ich ihn auf, mir die Sachen zu geben, damit ich sie zusammennähen kann.

Zwei Stunden lang sitzt er in meinen Charlottenburger eingehüllt da, während ich mit geübten Stichen versuche, seine Lumpen zu flicken. Allerdings bin ich mit dem Ergebnis nicht zufrieden. Dyson erzählt, seine Familie sei arm und er habe keine Schuluniform. Deshalb dürfe er nicht zur Schule gehen, erklärt er traurig. Doch er kennt Bob Marleys Song „Three little birds", und so schmettern wir gemeinsam: „Don't worry about a thing, 'cause every little thing is gonna be all right!"

Am nächsten Tag treffe ich eine Lehrerin namens Alile, mit der ich über Dysons Lage rede. So erfahre ich einiges über die Uniformpflicht und Schulgebühren. „Das Schulgeld kann in Sonderfällen um ein Drittel reduziert und ein Schüler von der Uniformpflicht befreit werden", erklärt sie. Diese Information ermutigt mich, mit Dyson zum Rektor zu gehen. Ich verhandle mit dem Schulleiter und zwei Sekretären, dann zahle ich Dysons Schulgeld für ein Jahr. Zurück auf dem Markt kaufe ich ein Stück festen bunten Stoff. Diesen bringe ich zum Schneider und gebe eine Hose für Dyson in Auftrag.

Nachmittags liege ich am See und döse vor mich hin, als plötzlich Dysons Mutter vor mir steht. Sie hat von der Vorauszahlung gehört und fragt mich, ob das alles so stimmt. Leider kann ich mich nicht richtig mit ihr verständigen, weil sie kein Englisch spricht. Sie versteht nicht, dass ich die Geschichte bestätige, und macht sich auf den Weg zum Schuldirektor. Doch als ich abends am Lagerfeuer sitze, erscheint die Mutter wieder. Sie bringt mir einen kleinen Teller mit ungekochtem Reis, auf dem zwei rohe Eier liegen. Dankend nehme ich ihr Geschenk an und verneige mich. Schließlich gebe ich ihr für Dyson noch einen Papierblock, ein Buch, einen Bleistift und einen Kugelschreiber mit.

Als sie fort ist, blicke ich lange auf den Teller mit Reis und Eiern.

Vermutlich ist es eine Tagesration Essen für ihre Familie. Für sie war dieses Geschenk wohl ein größeres „Opfer" als für mich das Schulgeld, die Hose und alle Schulmaterialien zusammen. Wieder einmal denke ich über Armut nach.

Unerwünschter Ausländer

Gut, dass ich schon sitze! Meine Knie werden weich, ein flaues Gefühl breitet sich im Magen aus und mir tritt der Schweiß auf die Stirn. Dazu fühle ich mich völlig ohnmächtig. Es ist kein Virus, der mir zu schaffen macht, sondern meine panische Angst vor der Grenze.

Ich sitze auf dem Beifahrersitz im Führerhaus eines Trucks. Viel zu schnell für meinen Geschmack nähern wir uns der Grenze zu Tansania. Dieses Land steht fest auf meinem Reiseplan, ich habe sogar meine gesamte Post nach Daressalam, der tansanischen Hauptstadt, geordert. Aufgrund der Apartheid-Ideologie in Südafrika hat Tansania jedoch Sanktionen gegen das Land verhängt. Wenn die Grenzer feststellen, dass ich dort war, schicken sie mich wieder zurück. Gut, dass ich zwei Reisepässe habe, denke ich. Den Pass mit Südafrikastempel verstecke ich tief im Gepäck und zeige den anderen vor.

Es ist so weit. Bei der Ausreise aus Malawi gibt es keine Probleme. Doch nun wird es kompliziert: Wir müssen drei Kontrollen über uns ergehen lassen, bevor wir nach Tansania einreisen dürfen. Eine Polizeikontrolle, eine durch das Militär und dann noch die eigentliche Grenzkontrolle durch die Immigrationspolizei und den Zoll.

Bei der ersten tansanischen Polizeistelle müssen alle Passagiere vom Truck steigen. Auch ich steige aus, lasse jedoch meine Zigaretten und Erdnüsse im Führerhaus liegen. Die Beamten bedienen sich, knabbern meine Erdnüsse und rauchen meine Zigaretten. Ein fettleibiger, bewaffneter Polizist grinst mich an, während er genüsslich meine Erdnüsse zermalmt. Zum Glück hab ich's gleich geschafft, denke ich und ringe um Selbstbeherrschung.

Als ich diese und auch die Militärkontrolle überwunden habe, stehe ich vor der eigentlichen Grenze, muss zur Einwanderungsbehörde und zum Zoll. Die Beamten genießen ganz offensichtlich ihre Macht. Sie fragen nach dem Verlauf meiner Reise und ob ich nichts für sie hätte. Ich muss mich ausziehen und werde gefilzt. Meine angekratzten Nerven liegen blank. Währenddessen durchstöbern andere Beamte mein gesamtes Gepäck und finden den Reisepass mit Südafrikaeintrag. Sie stempeln den Pass mit „Refused Entry" – „Einreise verweigert" ab und schicken mich zurück. Ich sei ein unerwünschter Ausländer, geben sie mir mit auf den Weg. Es hilft alles nichts, ich muss umkehren. Oh, ich hasse Grenzen!

Wieder in Malawi angelangt, will ich nur noch meine Ruhe haben und verschanze mich in einer Bananenplantage. Dort verbringe ich auch die Nacht. Wieder einmal liege ich in meinem Schlafsack und betrachte den malawischen Nachthimmel. Die Sterne schimmern und leuchten.

Ich beginne zu fantasieren: Vielleicht bekomme ich mal bei einem UFO eine Mitfahrgelegenheit zu einem Stern. Ob man da mit einem Südafrikastempel im Pass willkommen ist? Bräuchte ich dort wohl Moskitoöl und Malariaprophylaxe? Ob es dort was zu essen gibt? Hoffentlich nicht jeden Tag Maisbrei, der hängt mir hier in Malawi schon zum Hals heraus. Und gäbe es dort Kinder, die mich immer neugierig umringen würden wie hier in Schwarzafrika? Wenn nicht, wäre es schade, ein Grund, diesen Planeten nicht zu besuchen. Ob es dort Bäume und Holz gibt, sodass ich als Tischler arbeiten kann?

Beim Aufwachen kommt mir *die* Idee: Ich brauche einen neuen Pass. Einen, der weder mit „Südafrika" noch mit „Eintritt verweigert" abgestempelt wurde. Ich gehe zur Polizei. „Mein Pass wurde gestohlen", lüge ich.

Die Beamten nehmen Details auf und geben mir ein Dokument, mit dem ich bei der Deutschen Botschaft einen neuen Reisepass beantragen kann. So mache ich mich auf den Weg in die Hauptstadt Lilongwe.

Unterwegs pausiere ich in Karonga im Schatten eines Baumes

und schreibe Tagebuch. Acht Kinder umringen mich. Etwas abseits ist eine kleine traditionelle Lehmhütte, ein unscheinbarer Laden, wie sich herausstellt. Ein alter Mann, der sich beim Gehen auf einen Stock stützt, verlässt gerade das Geschäft. Offensichtlich hat er etwas eingekauft. Zögernd geht einer der Jungen in Richtung des Alten. Der Mann winkt das Kind zu sich und schenkt ihm die Hälfte seines tennisballgroßen Donuts. Plötzlich stürmen die anderen sieben Jungs auf ihren Freund zu. Ohne zu zögern, teilt dieser seinen Schatz mit den Freunden. Jeder erhält ein Stückchen von dem süßen Gebäck, etwa so groß wie eine Fingerkuppe. Die Buben stecken die Nascherei sofort in den Mund.

Diese Szene bewegt mich sehr. Die Tatsache, dass diese Kinder das Geringe miteinander teilen, beschämt mich. Ich bin mir nicht sicher, ob ich auch dazu bereit wäre, wenn ich so wenig hätte! Dass dieser Junge dazu in der Lage war, geht mir unter die Haut. Ich denke, dass das Wenige, das geteilt wurde, viele glücklich gemacht hat.

Das positive Erlebnis mit den teilenden Kindern und das Bibellesen ermutigen mich. Inzwischen sehe ich meine Situation – trotz der Ungewissheit, ob ich überhaupt nach Tansania einreisen darf – wieder optimistischer. Ich glaube, dass Gott mir die Verzweiflung nicht schickt, um mich niederzudrücken, sondern um neues Leben und Vertrauen in mir zu wecken!

In Lilongwe angekommen, suche ich die Deutsche Botschaft auf. Es folgen viele Formalitäten, Vorzeigen der Verlustanzeige, Anträge in mehrfacher Ausführung, Unterschriften – deutsche Bürokratie eben. Dann bleibt mir nichts anderes übrig, als auf die Rückmeldung des Einwohnermeldeamtes meiner Heimatstadt zu warten. Nach zwei Wochen bestätigt man, dass ich existiere und dass ich *ich* bin. Ich erhalte meinen neuen Ausweis. Nun bin ich stolzer Besitzer von drei Reisepässen.

Die Reisegefährtin

Die Reisegefährtin

Mit dem neuen Reisepass sollte meiner Einreise nach Tansania nichts mehr im Wege stehen. Allerdings könnte es sein, dass mich die Grenzbeamten wiedererkennen und zurückschicken. Daher beschließe ich, einen Umweg über Sambia zu nehmen und weiter nördlich nach Tansania einzureisen.

Als ich Lilongwe verlasse, begegne ich einer jungen Amerikanerin namens Basia. Wir kommen ins Gespräch und stellen fest, dass wir zunächst den gleichen Weg haben. Ihre geplante Reiseroute geht über Lusaka, die Hauptstadt Sambias, nach Harare, Simbabwes Hauptstadt. Von dort aus möchte sie nach New York zurückfliegen. Wir beschließen, gemeinsam einen Abstecher zum großen Luangwa-Nationalpark im Nordosten Sambias zu machen. Das sind hundertvierzig Kilometer über Land … Böse Vorahnungen überkommen mich. Wenigstens stehe ich jetzt nicht mehr allein am Straßenrand, sondern habe eine Reisegefährtin.

An diesem Tag bekommen wir keine Mitfahrgelegenheit mehr. Die Sonne geht bereits unter und wir bauen mein Zelt auf. Während ich kalt dusche, bereitet Basia uns ein Abendessen aus Gemüse zu. Die Dunkelheit senkt sich während unseres Essens über das Land. Nach unserem Mahl verkriechen wir uns im Zelt. Bei Kerzenlicht „operiere" ich Basia einige Dornen aus dem Fuß, wobei mir auffällt, dass sie zwischen mehreren Zehen kleine Wundstellen hat. Glücklicherweise habe ich Antiseptika, Wund- und Heilsalbe dabei, um die Stellen zu verarzten.

Die Stimmung im Zelt ist sehr romantisch: Die „Behandlung" von Basias Wunden bei Kerzenlicht, das gemütliche Zelt, die Nacht draußen. Und natürlich ist mir nicht entgangen, wie schön meine Begleiterin ist! Mein Herz pocht. Was in ihr wohl vorgehen mag? Unsere Blicke treffen sich. Unsere Blicke weichen einander aus.

Nimm ernst, was Gott sagt!, ermahne ich mich. In den letzten zwei Jahren haben sich Dinge über die Reinheit von Beziehungen, Ehe und Sexualität in mein Herz geschrieben. Ich beschließe, in Basia meine kleine Schwester zu sehen. Um uns beide zu schützen, spreche ich sie nur noch mit „kleine Schwester" an. In dieser Nacht kuschelt sich jeder in seinen Schlafsack. Rücken an Rücken, mit so viel Nähe wie möglich und so viel Distanz wie nötig, schlafen wir ein.

Im Nationalpark schließen wir uns einer Gruppe schottischer Studenten an, die an einem Forschungsprojekt arbeiten. Wir fahren über üble Pisten, durch Büsche und Gräben und erleben mit, wie eine Baumfalle zuschnappt und ein Leopard gefangen wird.

Am nächsten Tag nehmen wir an einer geführten Walking-Safari teil. Unsere beiden bewaffneten Führer leiten uns durch Wälder und Büsche. So kommen wir sehr nah an Elefantenherden, Zebras und Impalas heran. Ganz in der Nähe eines Flussufers hat eine Löwenherde einen Büffel erlegt. Das möchten wir uns etwas genauer ansehen. Die fünf Löwen zerren Fleischfetzen aus ihrer Beute, sehen dabei aber immer wieder auf und scheinen verunsichert. Ob sie uns wohl wittern? Eigentlich sind wir sehr leise und bewegen uns kaum, auch die Führer kommunizieren nur mit sachten Gesten und Blickkontakt.

Ich bekomme weiche Knie. Was passiert, wenn die Löwen auf uns zukommen?, überlege ich. Basia geht es vermutlich ähnlich, sie kommt mir immer näher. Plötzlich springen vier der Raubkatzen mit geschmeidigen, kraftvollen Bewegungen auf. Sie entfernen sich in Richtung Fluss, überqueren diesen und verschwinden im Busch. Offenbar haben sie doch unsere Nähe gewittert. Gott sei Dank sind sie nicht in unsere Richtung gekommen!, denke ich erleichtert.

Die beiden Ranger führen uns nun näher an den verbliebenen Löwen und sein Beutetier heran. Das schlägt auch die fünfte Raubkatze in die Flucht. Wir warten. Mal sehen, was hier noch passiert.

Nach und nach sammeln sich etwa ein Dutzend Aasgeier in unmittelbarer Nähe. Wie auf ein unsichtbares Zeichen hin stürzen sie sich auf die Reste des erlegten Büffels. Nun wagen auch wir uns näher heran. Die Aasfresser weichen zurück und warten in sicherer Entfernung geduldig auf ihre zweite Chance. Der Anblick des Beutetieres ist widerlich. Zwar ist der Kopf unbeschädigt, doch Fell und Haut sind aufgerissen und liegen schlaff auf dem sandigen Boden. Ganze Brocken des Körpers wurden herausgerissen. Teilweise kann man die Rippenknochen sehen, an anderen Rippen hängt noch viel Fleisch.

Wir ziehen uns zurück und warten, ob die Geier sich noch einmal an das Aas heranwagen. Die Vögel sind zu scheu, aber dafür erscheint plötzlich eine Hyäne auf der Bildfläche. Sie nähert sich vorsichtig dem toten Büffel, doch auch ihr scheint die Sache nicht geheuer. Nach einigen Minuten entfernt sich die Hyäne, ohne etwas angerührt zu haben. Wir können uns den wilden Tieren also nähern und sie beobachten. Doch sie nehmen uns offenbar immer wahr und ändern ihr Verhalten entsprechend.

Das Zusammensein mit Basia wird zunehmend angespannter. Ihr gefällt es nicht, dass ich sie mit „kleine Schwester" anrede. Ich bin verärgert, weil sie nicht richtig auf mein Schweizer Taschenmesser aufgepasst und es verloren hat.

In ihrer Nähe spüre ich, wie sehr ich schon zum Afrikaner geworden bin. Basia lebt noch nach westlichem Zeitkonzept und wird ungeduldig, wenn wir stundenlang warten müssen. Als auf einer Fahrt mehrfach ein Autoreifen platzt, sodass alle Termine über den Haufen geworfen werden, ist sie mit ihren Nerven am Ende. Ich hingegen habe mich an afrikanische Zeitvorstellungen angepasst und weiß, dass acht Uhr irgendwann zwischen Sonnenaufgang und Mittagessen ist.

Während einer rasanten Fahrt auf der Pritsche eines Pick-up in Richtung Lusaka wird es bitterkalt. Es gelingt mir, meinen Schlafsack aus dem Gepäck zu holen. Gemeinsam hüllen Basia und ich uns ein. Ich rieche und berühre sie. Ich spüre die Sehnsucht nach einer Partnerin, nach Nähe und Sexualität. Langsam wird uns wärmer. Aber es bleibt auch die nächsten Tage und Nächte dabei: Sie ist meine „kleine Schwester"! In Lusaka verabschieden wir uns. Sie reist weiter nach Simbabwe, ich will nach Tansania.

Nie mehr Zuckerrohr

Kein Visum für Zaire! Ob der Beamte vielleicht bestochen werden will? Ich stehe in Lusaka in der Botschaft für Zaire und werde wieder einmal abgewiesen. Allerdings möchte der Beamte nicht bestochen werden, vielmehr sind studentische und politische Unruhen in Zaire der Grund dafür, dass momentan keine Visa für dieses Land ausgestellt werden.

Trotzdem gebe ich nicht auf. Wiederholt spreche ich in der Botschaft vor, um das Visum zu beantragen – und zwar erfolgreich! Letztlich halte ich zwar die Papiere für Zaire in den Händen, hoffe aber trotzdem, dieses Land auf meiner Reise nach Tansania umgehen zu können. Denn eigentlich möchte ich mir die Unruhen, den Regenwald und die extreme Luftfeuchtigkeit im Dschungel nicht antun.

Ich bringe in Erfahrung, dass von Kapiri Mposhi, einem Ort zweihundert Kilometer nördlich von Lusaka, wöchentlich ein Zug nach Daressalam bummeln soll. Wenn ich mit diesem reise, kann ich Zaire umgehen und mit dem Zug direkt nach Tansania einreisen. Das scheint mir eine gute Idee zu sein!

Die Strecke nach Kapiri Mposhi fahre ich per Anhalter, um den Zug am folgenden Dienstag zu bekommen. Jedoch – neu erlerntes afrikanisches Zeitkonzept hin oder her – ich gerate unter Zeitdruck. Es nervt mich, dass der Truckfahrer so oft anhält, um mit anderen Fahrern und Marktfrauen zu schwatzen oder Teepausen zu machen.

Ansonsten ist die Fahrt recht abenteuerlich. Der Truck holpert durch die vielen Schlaglöcher auf der Asphaltpiste. Plötzlich taucht ein Pick-up auf der Gegenfahrbahn auf, der ein Unfallauto quer auf seiner Ladefläche befestigt hat. Wegen der dadurch entstandenen

Überbreite müssen wir heftig ausweichen, kommen aber mit dem Schrecken davon.

Trotz aller Hindernisse bin ich rechtzeitig in Kapiri Mposhi. Dort erstehe ich ein Zugticket dritter Klasse und sehe einer mehrtägigen Bahnreise entgegen. Schon beim Einsteigen wird mir klar, dass es viel zu wenig Sitzplätze für so viele Passagiere gibt. Außerdem zerren die Reisenden riesige Gepäckstücke in die Waggons, die weitere Sitzplätze belegen und die Durchgänge versperren. Vor dem Zug bieten Händler Proviant an. Andere schlängeln sich mit einem Bauchladen durch die zwanzig vollgestopften Waggons. Als sich der Bummelzug in Bewegung setzt, bin ich fast schockiert: Wir verlassen den Bahnhof mit nur zwei Minuten Verspätung!

Pfeifend und ratternd bummelt der Zug etwa fünfzig Stunden lang durch die afrikanische Wildnis. Je länger wir unterwegs sind, desto mehr Betrunkene sind unter den Passagieren – und die trinken immer weiter. Der Zug ist schmutzig und es riecht muffig. Dazu kommt der Geruch von menschlichen Ausdünstungen und vielen mitreisenden Hühnern.

Ich versuche, mich nicht auf das Innere des Zuges, sondern auf die vorbeiziehende Landschaft zu konzentrieren. Wir passieren Steppen, Wälder, Flüsse und Seen, Orangen- und Zuckerrohrplantagen. Mehrfach entdecke ich ganze Viehherden oder auch Elefanten. Wieder beeindruckt mich Afrika mit seiner Schönheit.

Das laute und panische Schreien einer Frau im Nachbarwaggon reißt mich aus meiner stillen Betrachtung. Alle werden unruhig – was ist da los? Die Dame ist völlig außer sich, ohne dass es einen erkennbaren Grund dafür gibt. Ihre Panik überträgt sich auf die anderen Passagiere, sodass der Zugführer gezwungen ist, mitten in der Prärie anzuhalten. Vor dem Zug sammeln sich aufgeregt lärmende Leute. Das Durcheinander beunruhigt mich. Eine halbe Stunde lang stehen wir auf den Schienen, während die Frau immer noch schreit. Als offensichtlich wird, dass sie wohl einen panischen Schreianfall hat und keine reale Gefahr besteht, fährt der Zug weiter.

An den Haltestellen herrscht buntes Treiben. Händler bieten ihre Waren an und Passagiere kaufen ein. Ich besorge mir ein Bündel Zuckerrohr, das ich auf der Weiterfahrt mit meinen Reisenachbarn teile. Schon zig Meter dieser süßen Stangen habe ich in Afrika gekaut. Es funktioniert so: Das Zuckerrohr wird grob geschält, dann zieht man die hellen Fasern mit den Zähnen herunter und saugt den süßen Saft heraus. Der Rest wird ausgespuckt.

Doch dieses Mal stocke ich mitten im gewohnten Ablauf. Irgendwas stimmt nicht. Das fühlt sich komisch an im Mund. Da ist etwas Hartes … Mit der Zunge taste ich nach. Ein Stück Zahn! Das kann doch nicht wahr sein! Mir ist ein Zahn abgebrochen … noch dazu ein oberer Schneidezahn, so ein Mist! Jetzt könnte ich auch hysterisch schreien. Ich Idiot! Musste das sein?

Sehr schnell setzt der Schmerz ein. Egal, ob ich esse, trinke oder atme, ständig werde ich an den abgebrochenen Zahn erinnert. Ich schäme mich sehr. Wenn es in diesen Stunden und Tagen überhaupt etwas zu lachen gibt, grinse ich nur einseitig und mit geschlossenem Mund.

Die erste Nacht in Daressalam verbringe ich im Garten der Heilsarmee. Schon früh reißen mich sehr laute Gebetsaufrufe eines Muezzins aus dem Schlaf. Ich mache mich auf die Suche nach einem Zahnarzt. Während ich orientierungslos durch die Metropole streife, begegne ich einem Handwerker auf dem Weg in seine Schuhmacherwerkstatt. Jean-Paul ist sehr hilfsbereit und verschiebt sogar seinen Arbeitsbeginn, um mich zu begleiten.

Nach einer ersten Bestandsaufnahme sagt der Zahnarzt auf Suaheli: „Hakuna-Matata" – „Kein Problem". Für mich schon, denke ich.

Der Arzt ist bereit, eine Sonderschicht einzulegen und den Zahn notdürftig zu flicken. 15 000 tansanische Schilling will er dafür berechnen. Ich zögere kurz: So viel würde die Unterkunft in einer günstigen Pension für einen ganzen Monat kosten. Doch dann nehme ich sein Angebot dankbar an. Und so lege ich mich am nächsten

Tag verängstigt auf den harten Zahnarztstuhl im spärlich eingerichteten Behandlungszimmer. Innerlich schotte ich mich ab, will am liebsten gar nichts um mich herum wahrnehmen, schon gar nicht den Schmerz, den der Eingriff mit sich bringt. In dieser Einstellung lasse ich die Behandlung über mich ergehen.

Als er seine Arbeit beendet hat, meint der Mediziner: „No more sugarcane for you anymore!" – „Niemals mehr Zuckerrohr für dich!"

Aus der Werkstatt ins Gefängnis

Als Nächstes möchte ich in den Sudan einreisen und beantrage in der sudanesischen Botschaft ein Visum. Aber da seit vielen Jahren im Sudan ein Bürgerkrieg wütet, dessen Ende nicht in Sicht ist, gehe ich davon aus, dass mein Antrag entweder ganz abgelehnt wird oder zumindest lange auf sich warten lässt. So richte ich mich auf einen längeren Aufenthalt in Daressalam, der Hauptstadt von Tansania, ein. Der Name der Stadt bedeutet „Haus des Friedens", was nach meinen Erfahrungen dort ziemlich wenig mit der Realität zu tun hat.

Ich bin wieder einmal auf Arbeitssuche und betrete die Zentrale der Schreinerei „Samwi Enterprice", um beim Chef vorzusprechen. Auf meine Bitte hin will jemand ihn aus der Werkstatt holen. Ich warte. Doch als Mister Samwi ins Zimmer kommt, traue ich meinen Augen nicht: Auf allen vieren kommt er hereingekrochen. Er ist schwer körperbehindert; statt Beinen hat er nur kurze Beinstummel, die zehn Zentimeter unter dem Gesäß enden. Auf diesen und seinen flachen Händen bewegt er sich allerdings zügig und elegant vorwärts. Mit muskulösen Oberarmen drückt er sich gekonnt auf seinen Bürosessel. Dann sitzen wir uns auf Augenhöhe gegenüber. Aber das Gespräch gestaltet sich schwierig: Er spricht kein Englisch. Ich entschuldige mich, dass ich kein Suaheli spreche. Ein Büroangestellter wird dazugeholt, um die Konversation zu übersetzen. Ich erkläre Mr. Samwi meine Situation und frage, ob ich eine Weile bei ihm arbeiten kann.

Nun ist er an der Reihe, überrascht zu sein. Er sieht mich ungläubig an, dann breitet sich ein fröhliches Grinsen auf seinem Gesicht aus. Ein weißer Mann möchte für ihn, einen Farbigen, arbeiten? So etwas gibt es hier einfach nicht! Wir vereinbaren, dass ich bei ihm für Kost und Logis arbeiten werde. Bereits am nächsten Tag kann ich anfangen.

Mein neuer Chef organisiert eine Unterkunft für mich: Ich darf mir mit dem Drechslergesellen Jabir und seiner Freundin ein kleines Zimmer in einer Slumhütte im Bezirk Keko Mwanga teilen.

Nach dem ersten anstrengenden Arbeitstag lege ich mich früh hin und schlafe bald tief und fest. Kurz nach Mitternacht weckt mich immer lauter werdendes Geschrei vor der Hütte. Dann donnern Schläge gegen die alte Holztür. Polizei! Sie wollen wissen, was ich hier mache. Es ist wohl so unerhört, dass ein Weißer für einen Farbigen arbeitet und noch dazu im Slum haust, dass es der Polizei zu Ohren gekommen ist.

Verschlafen erkläre ich die Situation. Sie verlangen meine Reisedokumente, die sie eingehend begutachten. Bevor sie gehen, fordern sie mich auf, am nächsten Tag in eine Gaststätte zu ziehen. Ich beschließe, das zu ignorieren, und lege mich wieder hin, finde jedoch keinen Schlaf. Das eben Erlebte beschäftigt mich. Auch die nächtlichen Geräusche draußen – lautes Singen und das Geschrei einer gequälten Katze – tragen nicht gerade dazu bei, dass ich zur Ruhe komme.

Ich freunde mich mit Jabir und einigen anderen Kollegen an. Gemeinsam verbringen wir unsere Freizeit, gehen ins Kino oder sitzen einfach nur zusammen. Jabir kann uns nicht immer begleiten oder muss früher gehen, weil er einer Nachbarschaftsinitiative angehört, die nachts im Slum Wache hält. Auf diese Weise versuchen sie sich vor Dieben oder Räubern zu schützen.

Eines Abends lege ich mich schon früh schlafen. Diesmal bin ich aber nicht so erschöpft wie die Tage zuvor und bleibe eine Zeit lang wach. Da! Was war das? Etwas hat geraschelt. Ich öffne die Augen. Ja, da hat sich etwas bewegt! Und dort drüben in der Ecke auch … Mäuse! Überall Mäuse! In Scharen krabbeln sie an den Balken entlang, die das Blechdach stützen. Sie suchen nach Futter und sind gar nicht schüchtern. Ekel kommt in mir hoch, ich liege da und versuche, mich möglichst nicht zu bewegen. Doch weil sie offensichtlich kein Interesse an mir haben, beobachte ich sie nur gespannt. Außer den Ameisen und Kakerlaken, an die ich schon gewöhnt bin, haben wir also noch andere Mitbewohner. Kein Wunder, dass Jabir immer die ganze Nacht das Radio laufen und das Licht brennen lässt!

Einige Tage später habe ich mich gerade warm gearbeitet, als der „Chairman" aus Jabirs Wohngebiet in die Werkstatt kommt. Seine Funktion ähnelt der eines Bürgermeisters für das Slumviertel. Er kommt meinetwegen – und er bringt die Polizei mit. Diesmal stellen sie nur ein paar kurze Fragen, dann werde ich von fünf Polizisten abgeführt. Wie ein gefährlicher Krimineller! Sie nehmen mir den Reisepass weg und geleiten mich zu einem vergitterten Gefängniswagen. Warum ich festgenommen werde, erfahre ich nicht.

Mein erstes Verhör wird von einem ranghöheren Beamten durchgeführt. Wenn ich versuche, auf seine Fragen zu antworten, lässt er mich gar nicht richtig zu Wort kommen und unterbricht mich ständig. Nach langem Hin und Her gebe ich eine Stellungnahme über den Grund meines Aufenthaltes, meiner Beschäftigung und meiner Unterkunft zu Protokoll. „Was passiert jetzt?", frage ich schließlich.

Der Beamte erklärt, ich müsse mich demnächst vor Gericht für meine illegale Beschäftigung verantworten. Dann lässt er mich auf einer Kiste warten. Ich stelle fest, dass sie nur zur Hälfte mit alten Akten gefüllt ist, den Rest der Kiste haben Ameisen in Beschlag genommen. Mit gemischten Gefühlen sitze ich da: Ich bin frustriert, fühle mich ungerecht behandelt und nicht ernst genommen. Gleichzeitig bin ich erleichtert, den Grund für meine Festnahme zu kennen. Offenbar stehe ich im Verdacht, illegal für Mister Samwi zu arbeiten.

In der Zwischenzeit wurde auch Jabir hierhergebracht und verhört. Als ich abgeholt und erneut zu einem Gefängniswagen geführt werde, treffe ich ihn wieder. Gemeinsam werden wir zur Polizeihauptstation gebracht und müssen auf einer kalten Steinbank warten. Jetzt sind andere Beamte für uns zuständig.

Nein, das gibt es doch nicht!, denke ich. Hoffentlich geht die Fragerei nicht von vorne los! Doch sie stellen keine Fragen, sondern fordern meine Schuhe, meinen Gürtel und alle anderen Habselig-keiten – Hose und Hemd ausgenommen. Ärger steigt in mir hoch. Ich verlange nach Essen und dass ich mit der Deutschen Botschaft telefonieren darf. Keine Reaktion. Immer wieder frage ich danach, jedes Mal lehnen sie ab. Während sich die Angelegenheit in die Länge zieht, werden alle paar Minuten Leute hereingebracht und abgeführt.

Die Polizisten bringen Jabir und mich in eine Zelle im Erdge-schoss. Diese ist mit Fäkalien und altem Blut verschmiert, sieben Schritte lang und drei Schritte breit. Auf der Längsseite verläuft eine fünfzig Zentimeter tiefe Bank aus Beton. Ich verbringe die Nacht mit vier weiteren Häftlingen auf dem schmutzigen Boden. Die ganze Zeit über herrscht reger Betrieb. Immer wieder höre ich aus den Zellen im Untergeschoss laute undefinierbare Geräu-sche, Auseinandersetzungen, Schläge und Geschrei. Was passiert da wohl?

Am nächsten Morgen bekomme ich von einem anderen Gefängnis-insassen etwas Zahnpasta auf den Finger. Von Neuem bitte ich um Essen und die Erlaubnis, die Deutsche Botschaft zu kontaktieren. Doch ich ernte nur Schweigen. Rastlosigkeit, Wut und Ohnmacht überfallen mich. Ich laufe in der Zelle auf und ab wie ein wilder, verwundeter Tiger. Dann setze ich mich und versuche, meine Wut in den Griff zu kriegen, stehe wieder auf, recke und strecke mich. Im Gefängnis dehnen sich Minuten zu Stunden.

Drittklassige Zugfahrt

Drei Tage später bin ich wieder auf freiem Fuß. Mein Glück war, dass meine Aussage mit der von Jabir und Mr. Samwi übereingestimmt hat: dass ich zwar keine Arbeitserlaubnis habe, aber auch nicht gegen Entgelt, sondern nur für Kost und Logis gearbeitet habe. So wurden die Vorwürfe gegen mich fallen gelassen.

Über Mombasa und Nairobi in Kenia reise ich nach Kampala, der Hauptstadt Ugandas. Ich schlendere gerade durch die Stadt, als ein Toyota Pick-up an mir vorbeifährt. Vor meinen Augen löst sich plötzlich das komplette rechte Hinterrad von der Achse. Das Auto kippt nach rechts und schlittert noch einige Meter auf der Sandstraße weiter. Während der Pick-up in Staubwolken gehüllt daliegt, rollt das losgelöste Hinterrad an ihm vorbei und bleibt erst fünfzig Meter weiter vorne liegen.

Nicht nur dieses Auto, einfach alles wirkt hier heruntergekommen. Das liegt sicher an den Nachwirkungen des Bürgerkrieges. Der ist zwar schon seit sechs Jahren vorbei, dennoch gibt es überall Straßensperren und schwer bewaffnete Militärs, überwiegend Jugendliche zwischen fünfzehn und achtzehn Jahren.

Bei Sonnenuntergang bummle ich über den Markt, der jetzt erst richtig auflebt. Ich kaufe mir bei einer Marktfrau ein Stück Seife. Ein Händler versucht, mir geröstete Ameisen schmackhaft zu machen. Eigentlich könnte ich das mal probieren, oder? Moment, ich schaue es mir erst noch genau an … Nach kurzem Zögern entscheide ich mich doch lieber für Reis mit Gemüsesoße. Während ich auf dem Markt bin, fällt mehrere Male der Strom aus, was immer mit lautem Johlen kommentiert wird.

Ich hoffe, dass von hier ein Zug zum Ort Kasese fährt, der etwa dreißig Kilometer von der Grenze zu Zaire entfernt liegt. Eine

Zugverbindung wäre die schnellste Möglichkeit, nach Zaire zu kommen, denn eine direkte Straße gibt es nicht. Menschen auf dem Markt erklären mir, dass tatsächlich ein Zug von Kampala Richtung Westen nach Kasese fährt. Dieser fahre täglich – und zwar immer im Wechsel ein Zug zweiter Klasse und einer der dritten Klasse, auch „Economy Class" genannt. Das hört sich doch gut an! Ich verbringe eine letzte Nacht in Kampala.

Schon früh am nächsten Morgen finde ich mich mit meinem Gepäck am Bahnhof ein. Ich freue mich, dass heute ein Zug dritter Klasse fahren wird, so kann ich einen Dollar sparen. Als ich versuche, eine Fahrkarte für den Zug zu lösen, starrt mich die Frau am Schalter ungläubig an. Sie scheint es noch nicht erlebt zu haben, dass ein „Mzungu", ein weißer Mann, tatsächlich dritter Klasse fahren möchte, und sie verweigert mir das Ticket: „Weiße fahren nie mit diesem Zug! Sie müssen sich ihn wenigstens erst mal ansehen!"

Ich versuche sie zu beschwichtigen. Dann sie zu überreden. Letztlich streiten wir. Ich habe schon mein ganzes Gepäck dabei und möchte nicht länger in der Hauptstadt bleiben. Mit dieser Motivation setze ich mich gegen die Dame am Schalter durch. Endlich gibt sie mir die Fahrkarte, doch nicht ohne zu kommentieren: „Sie können sie später immer noch umtauschen!"

Nun warte ich auf die Bereitstellung des Zuges. Stundenlang. Ich setze mich auf mein Gepäck und betrachte die anderen Wartenden: Männer, Frauen und Kinder. Dazu zwei Ziegen und mehrere Dutzend Hühner. Im Zug wird es wieder im wahrsten Sinne des Wortes „tierisch" zugehen!

Endlich fährt der Zug ein. Sein Alter legt die Vermutung nahe, dass er in der Kolonialzeit gebaut oder eingeschifft wurde. Langsam dämmert mir, warum die Frau am Schalter mich am Mitfahren hindern wollte. Ich beschließe, mir den Zug von innen anzusehen, und steige ein.

Bei dem Anblick, der sich mir bietet, lache ich laut los: Keine der Bänke hat eine richtig ebene Sitzfläche, alle Oberflächen wurden heruntergerissen, die nackten Sprungfedern stehen heraus.

Die meisten Rückenlehnen sind völlig verschwunden, die übrigen sind unvollständig. An ihrer Stelle ragen abgebrochene Schrauben hervor. Fensterscheiben gibt es kaum. Die paar noch vorhandenen Scheiben sind so zersplittert und schmutzig, dass sie völlig undurchsichtig sind. Einige Fensterflügel wurden mit einem Band notdürftig festgebunden. Viele Bodenbretter fehlen, und ich kann direkt auf die Gleise sehen. Die Gepäckhalterungen sind abgerissen. Vereinzelt ragen noch einige Befestigungsstangen heraus.

An der Decke hängen sieben Ventilatoren. Zwar reglos, aber immerhin! Wie haben sie die Zeit nur überlebt?, frage ich mich. Ich versuche, flach zu atmen. Denn trotz der guten Belüftung durch die offenen Fenster stinkt es im Zug unglaublich. Die Ausdünstungen von Menschen sowie der Geruch der Tiere und ihrer Ausscheidungen werden durch die Hitze noch intensiver.

Soll ich mein Ticket doch lieber zurückgeben? Vielleicht ist es mein Stolz, der mich daran hindert, zur Frau am Schalter zu gehen und meine Fahrkarte einzutauschen. Vielleicht ist es auch der Wunsch, nach dem langen Warten endlich wegzukommen. Oder ich bin zu geizig, mehr für diese Fahrt auszugeben. Ich weiß es nicht. Jedenfalls bleibe ich sitzen und die Fahrt geht los. Wir verlassen Kampala mit „planmäßiger" Verspätung von zweieinhalb Stunden.

Nach und nach wird mir bewusst, worauf ich mich bei dieser Fahrt eingelassen habe. Voraussichtlich neunzehn Stunden werden wir unterwegs sein. Ich habe meinen Schlafsack auf die Sprungfedern meines Sitzes gelegt und es mir einigermaßen gemütlich gemacht. Sorgfältig achte ich darauf, meine Kleidung und meinen Schlafsack nahe am Körper zu behalten, damit sie nicht aus Versehen in die Hühnerkacke auf dem Nachbarsitz rutschen. Hinter mir höre ich Hühner gackern, die zwei Sitzbänke weiter hinten Platz genommen haben. Wohl getrennt von den Ziegen, um Ärger zu vermeiden. Und das sind nicht die einzigen Tiere im Abteil: An den Wänden krabbeln überall Ameisen.

Händler gehen im Zug auf und ab. Manche offerieren ihre Waren in einem aufklappbaren Holzkasten, den sie an einem Gurt um den Hals tragen. Elegant laufen sie über den lückenhaften Boden. Ihr Angebot reicht von frischer Ananas über Seife und Büstenhalter bis hin zu Pillen und „African Medicin": Wurzeln, Kräutern und Selbstgebrautem.

Kaum ist der Zug richtig angefahren, bremst er auch schon wieder. Eine Haltestelle. Hier warten Marktfrauen, die Tee und gekochtes Essen anbieten. Viele Reisende haben eine Schüssel dabei, die sie sich mit Maisbrei, Reis, Gemüse oder Fleisch füllen lassen. Es ist ein richtiger Bummelzug. Der Tag erscheint mir endlos.

Nachts ist an Ruhe nicht zu denken. Wir halten auch jetzt ständig, was mit viel Lärm und Hupen verbunden ist. Jeder Stopp scheint ewig zu dauern und wird mit dem Zugsignal beendet. Das erste Hupen bedeutet „langsam fertig machen". Die Reisenden eilen dann von ihren Einkäufen oder dem Essen zurück. Nach zehn bis zwanzig Minuten folgt das zweite Hupsignal: „Jetzt geht's gleich los!" Weitere zehn Minuten später wird die Fahrt unter lautem Hupen fortgesetzt. Aufrecht und verkrampft kauere ich auf meinem Sitz. Vor Müdigkeit ist mir ganz flau. Auch diese schreckliche Nacht zieht sich endlos in die Länge.

Für die vierhundert Kilometer nach Kasese benötigen wir zwanzig Stunden. Ich bin heilfroh, als ich endlich aussteigen kann. Tief atme ich die frische Luft ein. Nun brauche ich dringend einen Ort, wo ich ausruhen und schlafen kann.

Auf der Schlammpiste

Noch fünf Kilometer bis zur Grenze nach Zaire. Schon werden meine Handflächen feucht, und ein flaues Gefühl macht sich im Magen breit: Meine Grenzpanik hat mich wieder fest im Griff. Ich fürchte und hasse es, den Grenzbeamten gegenüber ohnmächtig und ihrer Willkür ausgesetzt zu sein.

Der Grenzler sieht mich mit glasigen Augen an. O weh, das ist nicht gut! Ob der überhaupt erkennt, was in meinem Pass steht? Doch dieses Mal sind meine Befürchtungen unbegründet. Ich werde durchgewunken. Erst jetzt erlaube ich mir, nach vorne zu blicken. Ich bin wieder in Zentralafrika angekommen!

Die Landschaft erstrahlt in saftigem Grün. Unzählige bunte Vögel, unter anderem ganze Flamingoschwärme, begeistern mich. Ich genieße die wunderschöne Natur um mich herum, aber schon bald holen mich Erinnerungen an frühere Erlebnisse im tropischen Regenwald ein. Ich muss mir nur die Straßenpisten ansehen, und Bilder von Matsch und Regenzeiten und Feststecken kommen in mir hoch.

Mein nächstes Ziel ist Kisangani, die größte Stadt im Osten Zaires. Nachmittags bekomme ich endlich eine Mitfahrgelegenheit und klettere auf einen völlig überladenen Lastwagen. Zweieinhalb Meter hoch ragt seine Fracht. Ich geselle mich zu den darauf thronenden zwanzig Passagieren. Die Fahrt geht los, doch schon bald gehen einige Kartons über Bord.

„Stopp! Aufsammeln … Und weiter geht's!"

Dies ist nur der Anfang einer „Stop-and-go"-Fahrt. Die Schlaglöcher in der Straße sind bis zu einem Meter tief und mit dem Wasser der letzten Regengüsse vollgelaufen. Oft kann der Fahrer nicht ausmachen, wie tief die Grube ist, in die er gerade hineinfährt. Der Wagen holpert und schaukelt durch die tiefen Löcher. Ich bin fast überrascht, dass er nicht umkippt. Ständig fällt etwas vom Laster, und wir halten an, bis alles wieder aufgeladen ist. Dabei haben die Passagiere große Mühe, nicht selbst hinunterzufallen. Manchmal rutscht einer der Mitreisenden ab und schreit auf, doch nie passiert ein ernsthaftes Unglück. Nach jedem Schreck atmen die Fahrgäste auf, lachen und singen.

Mittlerweile ist es dunkel geworden. Der verschleierte Mond taucht die Straße in ein diffuses Licht. Wieder holpern wir in ein Schlagloch. Diesmal geht ein großer Teil der Ladung über Bord und landet im Matsch: Kartons und Säcke mit Zucker, Salz, Tomaten, Zwiebeln, Seife und Kochöl. Und natürlich einige der Säcke mit getrocknetem Fisch, der so unangenehm stinkt.

Da der Lastwagen nicht mehr aus dem Schlagloch herauskommt, muss die komplette Fracht abgeladen werden. Wir steigen ab und warten. Einer der Passagiere ist ein völlig betrunkener Soldat mit Gewehr. Hoffentlich hat er keine scharfe Munition in der Waffe, denke ich. Jetzt baggert er auch noch eine Mitreisende an, obwohl er kaum stehen kann! Die Frau ist sichtlich erleichtert, als der Lastwagen endlich aus dem Schlagloch freikommt und sie dem Betrunkenen entwischt. Nachdem wir alle auf die wieder aufgeladene Fracht geklettert sind, geht die Fahrt weiter.

Wir passieren einen Lkw, der in entgegengesetzter Richtung unterwegs ist. Seine Hinterräder sind so tief im Schlamm versunken, dass er schon mit dem Fahrgestell aufsitzt. Für ihn gibt es kein Weiterkommen. Wie lang der hier schon liegt ... und vielleicht noch warten muss? Wer weiß das schon!

Nach wenigen Kilometern begegnen wir einem weiteren gestrandeten Lastwagen. Sein Anhänger hat sich gelöst und hängt nur noch zu einem Drittel auf dem Zugfahrzeug. Auch dieser Fahrer hat unfreiwillig Feierabend, heute wird er nicht mehr weiterkommen. Er muss sogar befürchten, dass sein Anhänger die Böschung hinuntergespült wird, falls es noch einmal regnet. Mühsam kämpfen wir uns Meter um Meter voran. Ich bin müde, aber bei diesen Bedingungen zu schlafen ist unmöglich.

Kurz nach Mitternacht verlieren wir erneut einen Teil der Fracht. Wir halten kurz, um die heruntergefallene Ladung zu retten und die Radmuttern anzuziehen. Dann fahren wir weiter, bis wir mitten im Urwald ein kleines Hüttendorf erreichen. Alles ist dunkel: Strom gibt es hier nicht, es brennt auch kein Feuer.

Offenbar haben wir die Dorfbewohner geweckt, denn sie kriechen aus ihren Hütten, entfachen ein Feuer und fangen an zu kochen. Nachdem wir uns gestärkt haben, erfahren wir, dass wir hier übernachten und erst morgen weiterreisen werden. Mit meinem Schlafsack unter dem Arm suche ich eine Schlafstelle. Da wankt der betrunkene Soldat auf mich zu und versucht, mir meinen Schlafsack zu entreißen. Schnell packe ich seine Hand und drücke ihn mit meinem ganzen Körper weg. Ich mache ihm klar, dass das mein Schlafsack ist und ich ihn auch nicht hergeben werde. Der Soldat torkelt noch eine Weile durch die Nacht, legt sich aber schließlich an den Straßenrand und schläft ein.

Trotz meiner Erschöpfung fällt es mir schwer, in den Schlaf zu finden. Was aber in diesem Fall nicht am Gestank der Fischsäcke liegt, sondern an den vielen Dingen, die mich beschäftigen: Wir haben in acht Stunden nur fünfzig Kilometer zurückgelegt. Bis Kisangani liegen noch achthundert Kilometer Urwald vor mir! Wird die ganze Strecke so mühsam sein? Wie lange werde ich brauchen?

Aber auch viel tiefgründigere Fragen gehen mir durch den Kopf: Was ist der Sinn meines Lebens? Wie kann ich ihn herausfinden? Ob Gott schon weiß, was aus mir einmal wird?

Ein neuer Tag bricht an. Immer noch müde klettere ich zu meinem Sitzplatz auf der Ladung hinauf. Im nächsten Ort steigen einige Reisende ab und andere zu. Sie bringen Reissäcke, Hühner und Ziegen mit, die auch noch einen Platz auf der Fracht finden. Der Zustand der Dschungelpiste ist weiterhin erbärmlich. Wir schaukeln durch Fallgruben gleichende Schlaglöcher, dass ich seekrank werde. Nun fängt es auch noch an zu regnen. Wir Passagiere ziehen zwei größere Plastikfolien über unsere Köpfe und bleiben halbwegs trocken. Aber die schon aufgeweichte Straße wird noch rutschiger …

Als der Regen aufhört, erreichen wir einen Rückstau von siebzehn Lastwagen. Irgendwo da vorne sitzt ein Fahrzeug fest und wird freigeschaufelt. Alle Fahrer und Passagiere warten darauf, dass die Straße wieder passierbar wird. Auch wir steigen ab und stellen uns auf einen längeren Aufenthalt ein. Um mir die Zeit zu vertreiben, sehe ich mich etwas um. Die Natur ist überwältigend: Urwaldriesen ragen in den Himmel, am Boden dichtes Gebüsch. Unglaubliches Grün mit Farbtupfern, denn überall leuchten exotische Blüten. Ich sehe bunt schillernde Vögel und prächtige Schmetterlinge, die um mich herumflattern.

Wir essen zu Abend und sind schließlich gezwungen, hier zu schlafen. In der Nacht blitzt und donnert es, als ob der Weltuntergang bevorstünde. Auch der nächste Wolkenbruch lässt nicht lange auf sich warten. Meine Mitreisenden und ich klettern eilig auf den Laster und schlüpfen unter die Plane. An Schlaf ist nicht zu denken – und bis zum Morgen schüttet es wie aus Kübeln.

Auch den nächsten Tag verbringen wir mit Warten. Immer noch versuchen Männer, den feststeckenden Lastwagen auszugraben. Ansonsten ist es hier still und friedlich. Aus dem Dschungel dringen fremdartige Geräusche an mein Ohr: das Zirpen von Insekten, Affengeschrei, das Pfeifen und Singen exotischer Vögel.

Durch ein batteriebetriebenes Radio hören wir erste Meldungen über Unruhen, Demonstrationen und Plünderungen in der Hauptstadt Kinshasa. Es soll bereits über hundert Tote geben. Leicht beunruhigt verbringe ich die Nacht unter dem Lastwagen.

Endlich geht es weiter und wir erreichen den Ort Komanda. Meine Mitfahrgelegenheit endet hier, denn der Lastwagen kehrt um. Am nächsten Morgen stehe ich schon vor fünf Uhr früh am Straßenrand. Ich habe Glück: Ein Zehntonner mit Anhänger hält. Mit dem Fahrer vereinbare ich einen Preis für die Fahrt nach Kisangani und steige auf die Ladefläche des Wagens.

Außer dem Fahrer namens Jean-Luc sind zwei „Scouts" mit von

der Partie. Diese sind auf der Fahrt für alle praktischen Angelegenheiten zuständig. Sie jagen, kochen, waschen ab, graben notfalls den Laster aus, sorgen für Ordnung und waten sogar durch Schlammlöcher, um deren Tiefe abzuschätzen. Doch selbst dieser Trick kann nicht verhindern, dass wir doch im Schlamm stecken bleiben. Der Wagen ist einfach zu schwer und die unbefestigte Schlammpiste zu weich und matschig. Etwa drei Kilometer vor uns sollen sich noch weitere gestrandete Fahrzeuge befinden. Wir tun alles, um den Lastwagen wieder freizubekommen: Wir schaufeln mit Werkzeugen und mit bloßen Händen. Verzweifelt schieben wir den Lkw an, nachdem wir große Palmblätter und Äste vor die Reifen gelegt haben. Aber alle Versuche scheitern. Nach vergeblichem Warten auf Hilfe stellen wir uns darauf ein, ein paar Tage hier zu verbringen.

Jemand schaltet das Radio ein und wir erwarten gespannt die Nachrichten: Wie ist es mit den Unruhen in Zaire weitergegangen? Wir hören, dass eine Art Bürgerkrieg ausgebrochen ist. In der Hauptstadt Kinshasa und anderen Städten herrschen gewalttätige Unruhen und Krawalle. Von mehreren hundert Toten ist bereits die Rede. Ich atme tief durch. Was wird mich wohl in Kisangani erwarten?

Plötzlich kommt die Sonne zum Vorschein. Ich nutze die Chance und hänge meinen feuchten, stinkenden Schlafsack zum Trocknen auf. Danach schnappe ich mir meine schmutzstarrenden Klamotten und wasche sie in einem kleinen Bach, den ich im Wald entdeckt habe. Und auch ich selbst habe eine Dusche dringend nötig. Ich traue meinen Augen nicht, als ich wieder zur Schlammpiste zurückkomme. Aus dem Nirgendwo sind Straßenarbeiter aufgetaucht: Drei Lastwagen, ein Raupenfahrzeug und zwei Radlader schieben Dickicht beiseite, drücken Bäume um, laden Erde auf und versuchen, diesen Straßenabschnitt befahrbar zu machen. Hoffnungsvoll warten wir darauf, dass die Piste instand gesetzt wird und wir irgendwie weiterkommen.

Die beiden „Scouts" kochen währenddessen einen wahren Festschmaus: Huhn mit Kartoffeln, Zwiebeln und Kochbananen. Es wird Abend, ehe das Essen gar ist. Aber noch bevor wir essen können, bricht Betriebsamkeit aus. Schnell wird die Mahlzeit auf den Laster verfrachtet, denn Rettung naht!

Ein mächtig großes Kettenfahrzeug arbeitet sich zu uns vor. Es wird von einem beeindruckend dicken schwarzen Mann mit nacktem Oberkörper gesteuert. Mit der Raupe rutscht er über den Schlamm und nimmt Ausbesserungsarbeiten an der Dschungelpiste vor. Als er bei uns angekommen ist, befestigen einige seiner Helfer ein dickes Drahtseil am Kettenfahrzeug und an unserem Zehntonner. Zentimeter für Zentimeter gelingt es dem Fahrer, unseren Wagen samt Anhänger aus dem Schlamm zu ziehen. „Tarzan, der Herr des Dschungels" nenne ich ihn. Das passt irgendwie …

Nach dieser Rettungsaktion nehmen wir wieder Fahrt auf, um bis zum Abend wenigstens noch zwei Kilometer weiterzukommen. Auf der Ladefläche sitzend, halte ich den großen, vollen Kochtopf fest. Das ist gar nicht so einfach, denn obwohl auf diesem Streckenabschnitt in den letzten beiden Tagen Schäden behoben wurden, ist dieser Teil der Straße so schlimm wie kein anderer zuvor. Wir sitzen auch gleich wieder fest. Als ich absteige, versinke ich bis zu den Knien im tiefen Schlamm. Wir machen den Laster noch einmal flott, doch schon zweihundert Meter weiter bleiben wir abermals stecken. Auch dieses Mal rettet uns „Tarzan" und befreit uns mit seinem Raupenfahrzeug. In Zeitlupe geht die Rutschpartie voran.

Bald merken wir, dass mit unserem Anhänger kein weiteres Vorankommen möglich ist. Er wird kurzerhand vom Laster abgekoppelt und zurückgelassen. Etwa fünf Kilometer weit zieht das Kettenfahrzeug uns durch den Dschungel, bis der schlimmste Streckenabschnitt überwunden ist und der Untergrund etwas fester wird.

In entgegengesetzter Richtung zählen wir achtundvierzig Lastwagen, die ebenfalls festsitzen. Sie alle haben diese furchtbare Strecke noch vor sich! Einige Fahrer warten bereits seit drei Wochen auf Hilfe. Jean-Luc, die beiden „Scouts" und ich sind erleichtert und dankbar, dass wir den Abschnitt hinter uns haben. Allerdings steht uns noch eine mehrtägige Fahrt durch den Dschungel bevor, bis wir unser Ziel, die Stadt Kisangani, erreichen.

Die Geisterstadt

Endlich angekommen! Zwei Wochen haben wir gebraucht, um die achthundert Kilometer durch den Urwald zurückzulegen. Bei strömendem Regen erreichen wir Kisangani. Ich bin matschverschmiert und sehe aus wie ein Schwein. Mehrere Waschgänge sind nötig, um meine Wäsche sauber zu kriegen. Als ich endlich wieder frische Kleidung habe, denke ich: Jetzt noch duschen, einen Kaffee schlürfen und die Welt sieht gleich ganz anders aus!

Jean-Luc hat mich eingeladen, bei ihm und seiner Frau Fatu zu bleiben, bis ich entschieden habe, wie meine Weiterreise aussehen soll. Zu seiner Großfamilie zählen insgesamt fünfundzwanzig Personen. Drei kleine Häuserreihen und ein Sanitärgebäude in U-Form bilden einen Innenhof.

Von Jean-Lucs Wohnung aus mache ich mich auf den Weg in die Innenstadt und erschrecke fürchterlich. O nein, wie war das mit dem Regen und der Traufe? Da bin ich wohl von einem Schlamassel in den anderen geraten! Kisangani bietet ein Bild der Verwüstung: Am Straßenrand stehen demolierte Lastwagen, zerstörte Autos liegen ausgebrannt auf dem Dach. Die Schaufenster der Geschäfte sind zerschlagen, Gitter aus den Wänden gerissen, kaputte Türen hängen in den Angeln. Zu meinem Entsetzen sehe ich sogar ausgebrannte Häuser. Hier hat der Aufstand seine Spuren hinterlassen.

Nur wenige Menschen sind auf der Straße – und ich bin der einzige Weiße. Auch auf einem kleinen Notmarkt sind kaum Besucher anzutreffen. Die wenigen Händler schauen sich immer wieder misstrauisch um.

Was ist hier eigentlich passiert? Ich befrage verschiedene Personen und verfolge aufmerksam die Berichterstattung in den Medien.

Auf diese Weise erfahre ich, dass Polizei und Militär die Plünderungen initiiert haben. Danach trieben zivile Banden ihr Unwesen. Vor ein paar Tagen wurden siebenhundert Ausländer aus dem Land geflogen, viele andere sind in Nachbarländer geflüchtet. In Kisangani gab es fünfzehn Tote, in der Hauptstadt Kinshasa sollen es über dreihundert gewesen sein. Je mehr ich in diesen Tagen von der Stadt sehe, desto unheimlicher wird sie mir. Kisangani ist eine Geisterstadt.

Ich überlege, wie ich von hier wegkommen kann. Die Bahnlinie Richtung Westen, die in meiner Karte eingezeichnet ist, existiert nicht mehr. Der Urwald hat diese Errungenschaft der Zivilisation zurückerobert. Meine einzige Möglichkeit, von hier aus weiterzukommen, ist eine Schiffsreise auf dem Kongo. Mit seinen viertausenddreihundert Kilometern Länge ist der Kongo nach dem Nil der zweitlängste Fluss Afrikas, zum Teil ist er über dreißig Kilometer breit. Sagenhaft, dieser Anblick! Auf dem Kongo ruht nun meine ganze Hoffnung.

Endlich legt ein Schiff in Kisangani an! Muskulöse Männer löschen die Fracht. Ich höre, dass das Schiff nächste Woche flussabwärts Richtung Westen fährt.

In der Nacht kann ich lange nicht einschlafen. Die extreme Hitze und Feuchtigkeit machen mir zu schaffen. Meine Unterkunft ist ein einziges Moskitonest. Auch wenn mich das Fliegennetz vor ihren Stichen schützt, versetzt mich das laute Summen in Angst und Schrecken. Was passiert, wenn ich trotz der Medikamente an Malaria erkranke? Bei Kerzenschein schreibe ich Tagebuch und lausche dem Quaken der Frösche und dem Gesang der Grillen. Über mir wimmelt es von Ratten, die die ganze Nacht hin und her huschen. Als ich trotz allem endlich einschlafe, ist mein letzter Gedanke: Hoffentlich taugen die Medikamente was!

Ich träume, dass ich in Zaire einen Lastwagen fahre. Dabei gerate ich in eine Polizeikontrolle und werde verhaftet, weil ich keine gültige Fahrerlaubnis habe. Ich lande wieder in einem dunklen Knast und bin von der Außenwelt abgeschnitten … Der laut prasselnde

Regen weckt mich auf. Dazu blitzt und donnert es pausenlos – Weltuntergangsstimmung!

Im Innenhof meiner Gastgeber steht das Wasser schon zentimeterhoch. Und es regnet immer weiter. Das hat zur Folge, dass das Schiff nicht weiter entladen werden kann. Folglich wird sich auch die Abfahrt verzögern. Weitere Frachtschiffe legen an. Vielleicht könnte ich mit einem anderen Schiff reisen? Aber immer wieder zerschlagen sich meine Hoffnungen auf ein Fortkommen.

Ich sitze fest. Die Medien berichten von anhaltenden Revolten unbezahlter Soldaten und Polizisten sowie von weiteren Toten. Dem langjährigen Diktator Mobutu Sese Seko wird der Rücktritt nahegelegt. Doch nicht nur die politische Lage und die verwüstete Stadt sind bedrückend, es herrscht weiterhin eine unglaubliche Hitze, der auch die abkühlenden Regengüsse kaum etwas anhaben können.

Trotz allem versuche ich, mir den Aufenthalt hier so angenehm wie möglich zu machen. Auf dem geisterhaft wirkenden Notmarkt kaufe ich einen großen Gockelhahn und Gemüse als Gastgeschenk für Jean-Luc und seine Familie. Seine Mutter bereitet daraus ein leckeres Essen. Ab und zu gehen wir sogar aus. In einem Lokal mit Blick auf den Kongo hören wir einheimische Lingala-Musik, trinken ausgiebig Palmwein und tanzen unter einem Strohdach. Und dennoch – alle meine Gedanken kreisen um ein Schiff und wie ich endlich weiterreisen kann.

Ein schwimmendes Dorf

Wieder legt ein Frachtschiff in der Geisterstadt an. Natürlich begebe ich mich zusammen mit Jean-Luc umgehend zur Schiffsagentur, versuche jedoch, meine Erwartungen niedrig zu halten. Ich will nicht dauernd enttäuscht werden.

Der Verantwortliche der Schiffsagentur schüttelt den Kopf. „Das ist viel zu gefährlich für einen Weißen!", teilt er mir mit. „Sie könnten krank werden, und überhaupt …" Er braucht mir nicht zu erklären, dass wahrscheinlich noch nie ein Weißer auf solch einem Frachter mitfahren wollte. Wahrscheinlich traut er mir die Reise schlichtweg nicht zu.

Doch Jean-Luc redet auf den Mann ein, wobei er ziemlich übertreibt: „Dieser Mann ist überfallen worden! Er sitzt jetzt schon seit Wochen hier fest und muss irgendwie weiterkommen!" Man vertröstet mich auf den nächsten Tag. Jean-Luc wittert eine Chance und begleitet mich am nächsten Tag wieder zur Schiffsagentur.

Zu meiner großen Überraschung bekomme ich ein Ticket ausgestellt! In drei Tagen soll es losgehen. Vorher muss ich jedoch noch einige Formalitäten erledigen. Mit meiner Fahrkarte muss ich die Immigrationspolizei aufsuchen und mir meine legale Anwesenheit im Land bestätigen lassen. Die Schiffsagentur benötigt das entsprechende Dokument. In der Zwischenzeit wird der Frachter weiter mit Holz beladen.

Das Schiff besteht aus mehreren metallenen Barkassen. Diese sind in Länge und Breite miteinander verbunden. Auf der Ladefläche steht ein alter, vor sich hin rostender Schiffscontainer, der klein und verloren wirkt. Am Ende der zusammengefügten Ladefläche steht ein Schubschiff, das die Barkassen über den Kongo schippern wird. Als die Passagiere an Bord strömen, liegt der Frachter wegen des geladenen Holzes schon tief im Wasser. Männer, Frauen, Alte, Junge, Kinder und Schwangere besteigen den Kahn. Es geht unbeschreiblich bunt und laut zu: Menschen rufen, gellen und brüllen. Binnen Stunden entsteht eine Art schwimmendes Dorf.

Die Reisenden haben sich auf eine zwei- bis sechswöchige Reise eingestellt. Kabinen gibt es nicht. Hundert, vielleicht zweihundert Menschen tummeln sich zwischen der aufgetürmten Fracht und richten sich ein. Lagerplätze werden abgesteckt und Plastikplanen gespannt, denn es kann jederzeit wieder regnen. Wir alle werden hier leben, es muss das Nötigste an Bord sein – zum Kochen, Waschen, Spielen … und natürlich auch Sanitäranlagen. Im Schubschiff gibt es eine einzige Toilette!

Die Passagiere schleifen Säcke mit getrocknetem Maniok, Kartoffeln und Bohnen auf das Schiff. Dazu Wasserkanister, Gemüse, Holzscheite und Kochgeschirr. Auch Frischfleisch in Form von gackernden Hühnern, meckernden Ziegen und einem kreischenden Affen kommt an Bord. Im Laufe der Reise sollen sie geschlachtet, zubereitet und verzehrt werden. Wahnsinn! Mein neues Zuhause für die nächsten Wochen, schießt es mir durch den Kopf.

Das Schiff setzt sich in Bewegung. Bald stehen am Bug Männer mit langen Stöcken. Sie loten die Wassertiefe aus. Ihre Ergebnisse rufen sie, manchmal über einen Mittelsmann, lauthals dem Kapitän zu. So soll verhindert werden, dass wir auf eine gefährliche Sandbank auflaufen.

Der Kongo ist wunderschön. Ich kann kaum fassen, wie breit er ist. An den Ufern zieht der prächtig grüne Regenwald an mir vorbei, die Baumriesen scheinen bis in den Himmel zu reichen. Diese dichte Vegetation ist unglaublich – und für mich ein Wunder der Schöpfung.

Mitreisende lesen, spielen mit Kindern, singen, tanzen, reden, lachen und schlafen. Mütter stillen ihre Kinder. Einige Passagiere legen Waren zum Verkauf aus und verhandeln mit Interessierten über den Preis. Immer noch ist es extrem heiß. Ich glaube, mir schmilzt gleich das Gehirn aus dem Kopf!

In kleineren Gruppen bereiten die Passagiere Lebensmittel zu, kochen und essen. Mit Eimern, die an Seilen befestigt sind, schöpfen Männer Wasser aus dem Fluss. Es wird als Trinkwasser, aber auch zum Kochen und Abwaschen genutzt. Mir schwant Böses: Ob das Wasser Trinkwasserqualität hat? Bestimmt nicht! Was da wohl alles für Keime drin sind … Anderes Wasser gibt es hier aber nicht. Hoffentlich werde ich nicht wirklich krank.

Wenn wir an Dörfern vorbeigleiten, beginnt ein reges Markttreiben. Dorfbewohner rudern mit ihren Kanus zum Frachtschiff herüber. Sie haken sich am Schiffsrand fest und bieten ihre im Kanu mitgebrachten Waren an. Lautstark wird gefeilscht. Im Angebot sind Bananen, Ananas, Manjok, Avocado, Pflanzenöl, Palmnüsse, Palmwein, Fische, Hühner, Ziegen, Affen, Handarbeiten aus Bast und Holzarbeiten.

Meist gelingt es den Kanuten, ihre Verhandlungen und Verkäufe am Schiffsrand stehend zu erledigen. Dennoch kommt es immer wieder vor, dass ein Händler das Gleichgewicht verliert und ins Wasser fällt. Die Schiffspassagiere honorieren das mit lautem Johlen und Beifall. Wie sieht es hier eigentlich mit Krokodilen aus?, meldet sich mein Kopf. Ich habe noch keines gesehen, hoffentlich bleibt es dabei!

Ich freunde mich mit ein paar Studenten an. Wir reden über Politik, die Plünderungen im Lande, das Leben in Europa, aber auch über banale Dinge wie Frisuren. Da meine Haare wieder recht lang geworden sind und es auf dem Boot nichts zu tun gibt, frage ich in die Runde, ob mir jemand die Haare schneiden würde. Ein junger Mann namens Leon meldet sich. Er ist vierundzwanzig Jahre alt und studiert Landwirtschaft. Seinen jüngeren Brüdern hat er schon die Haare geschnitten, einem Weißen aber noch nie. Bald haben die Studenten einen alten Spiegel und eine verrostete Schere aufgetrieben. Leon beginnt sein Werk, wobei mir nicht so ganz wohl ist. Doch er überrascht mich: Die neue Frisur sieht gar nicht schlecht aus.

Schon bald wird an der Schiffsfront eine öffentliche „Dusche" eingerichtet. An Seilen werden große Eimer befestigt, mit denen Männer in Shorts oder Unterhosen Wasser aus dem Fluss schöpfen. Sie übergießen sich mit dem Flusswasser, seifen sich ein und spülen mit weiteren Wassereimern den Schaum vom Körper. Einfach, aber effektiv. Auch ich sehne mich nach einer erfrischenden Dusche, gerade jetzt nach dem Haareschneiden. Doch ich schäme mich. Wenn ich als „Mzungu" dusche, habe ich bestimmt alle Aufmerksamkeit. Ich bin ja der einzige Weiße auf dem Schiff. Mir fällt ein Gespräch mit einer Marktfrau in Kampala, Uganda, wieder ein. Ich wollte ihr ein Stück Seife abkaufen, aber sie konnte es nicht fassen: „Einer, der so weiße Haut hat, muss sie auch noch waschen? Noch dazu mit Seife!?"

Aber irgendwann muss auch ich mal duschen! Ich überwinde meine Scheu und dusche – natürlich in Unterhosen – an der Schiffsfront. Während des gesamten Vorgangs lässt kein Passagier ein Auge von mir. Ihre in Lingala gerissenen Witze bestätigen meine Vorahnung: Sie haben viel Spaß an der Weißhaut.

Auf dem Kongo

Und dann erwischt es mich doch. Ich liege in meinem Schlafsack und fühle mich sterbenselend. Wir schippern weiterhin über den Kongo, doch davon nehme ich nicht mehr allzu viel wahr. Immer wieder dämmere ich weg, schlafe zum Teil Tag und Nacht durch.

Hohes Fieber plagt mich und ich leide unter starken Gliederschmerzen. Diese scheinen gleichzeitig vom Kopf und von den Füßen auszugehen und ballen sich im Bauch- und Rückenbereich. Ein Medizinstudent an Bord hat mich bereits untersucht und mir drei „Fansidar"-Tabletten zur akuten Malariabehandlung sowie Schmerzmittel verabreicht. Im Schatten liegend friere und schwitze ich, krümme mich vor Schmerzen. Mehrfach muss ich mich übergeben.

Die äußeren Verhältnisse haben sich natürlich nicht geändert. Jetzt leide ich umso mehr unter der schlechten sanitären Ausstattung. Dazu die unerträgliche Hitze, die sich auf den Eisenbarkassen staut. Es gibt kaum Schatten und immer wieder setzen Gewitter ein, die unglaubliche Regenmassen mit sich bringen. Ich stöhne vor Schmerzen. Durch die Krankheit bin ich auf die Hilfe meiner Mitreisenden angewiesen. Dankbar nehme ich die Medikamente und das Essen entgegen, das mir gereicht wird.

Das Schiff nähert sich einem größeren Dorf. Dort legen wir an, aber ich fühle mich zu schwach, um an Land zu gehen oder gar einen Einkauf zu tätigen. So bleibe ich liegen. Doch plötzlich wird es laut: Im Führerhaus des Kapitäns findet eine Auseinandersetzung statt, die sogar handgreiflich endet. Kurz darauf trennt sich der Antriebsteil des Schiffes von den angekoppelten Ladeflächen mit der Fracht und den Passagieren. Die anderen Reisenden lassen sich davon nicht aus der Ruhe bringen. Wie üblich entsteht ein Markt auf dem Schiff und an Land. Ich döse wieder ein.

Mit einbrechender Dunkelheit kommt eine Gruppe bewaffneter Soldaten an Bord. Sie kontrollieren einige Leute, doch schon bald bemerken die Reisenden, dass dies nur ein Vorwand ist. Mindestens einer von ihnen versucht, etwas zu stehlen, und wird dabei erwischt. Die Passagiere umringen die Soldaten und fordern sie lautstark auf, das Schiff zu verlassen. Die Rufe werden lauter und drängender, bis die Männer das Schiff verlassen. Einen Moment lang kehrt Ruhe ein, doch plötzlich wird ein Uniformierter entdeckt, der an Bord geblieben ist und etwas gestohlen hat. Als er von der wütenden Menge gestellt wird, legt er sein Gewehr an, doch die Passagiere entreißen ihm die Waffe und schlagen so lange auf ihn ein, bis er bewusstlos zu Boden sinkt. Einige Minuten später rührt er sich wieder und wird von Bord getrieben.

Es dauert nicht lange, bis der Vorgesetzte der uniformierten Diebesbande zum Schiff kommt und die Waffe zurückverlangt. „Niemals!" – „Das kannst du vergessen!" – „Hau ab!", schallt es ihm als Antwort entgegen.

Daraufhin kommen einige Soldaten zurück und bedrohen Passagiere mit ihren Gewehren. Panik bricht aus. Einige Reisende flüchten ans Schiffsende. Gleichzeitig wird auch noch ein ziviler Dieb entlarvt und von Bord geprügelt. Irgendwann beruhigt sich die Lage. Aber es gibt eine klare Trennung zwischen den Leuten auf dem Festland und denen an Bord.

Am späten Abend will mein Kumpel Leon an Land gehen.

„Bring dich nicht in Schwierigkeiten und bleib hier!", rate ich ihm. Er hört nicht auf mich und ich habe auch nicht die Energie, ihn zu überzeugen. So beobachte ich von meinem Schlafsack aus, wie er den ausgelegten Holzsteg überquert. Noch bevor er das Land betritt, wird er von Soldaten bedroht und ins Wasser geworfen. Dabei verliert er seine Schuhe.

Wir sind sehr erleichtert, als unser Antriebsteil am nächsten Morgen wieder angekoppelt wird, sodass die Reise weitergehen kann. Bald geht es mir etwas besser. Zwar plagt mich die Malaria immer noch, doch ich raffe mich auf und kaufe eine Riesenkartoffel. Die ist so groß wie mein Unterarm und gehört noch zu den kleineren im Angebot. Daraus bereite ich mir eine Suppe zu.

In der Bezirksstadt Bumba gehe ich an Land. Es tut gut, wieder festen Boden unter den Füßen zu haben. Geschwächt und auf wackeligen Beinen suche ich das Hospital auf. Ein Arzt untersucht mich, während ich völlig ermattet daliege und inständig hoffe, dass mein Frachter nicht ohne mich ablegt. Im Blutbild stellt der Mediziner den Malariaerreger fest. Er gibt mir Medikamente, die ich noch mehrere Tage einnehmen soll. Dafür zahle ich fünfzehn US-Dollar.

Während der Untersuchung erzählt mir der Arzt von den Umständen, unter denen er arbeiten muss, und von der Armut im Lande: „Ich bin für die 500.000 Menschen im Umkreis von 1500 Kilometern zuständig. Stellen Sie sich vor, ich habe nicht einmal ein Fahrrad zur Verfügung – wie soll das denn funktionieren!? Ganz zu schweigen davon, dass wir weder die richtigen noch ausreichend Medikamente haben …“

Bevor ich gehe, zeigt mir der Mediziner noch einen Bericht, aus dem hervorgeht, dass im Jahr zuvor ein siebenundzwanzigjähriger Australier auf einer Schiffsreise an Malaria gestorben ist. Offenbar sind doch noch andere Weiße auf den Kongofrachtschiffen unterwegs – ich hoffe nur, dass es bei mir anders ausgeht. Vielleicht hatte der Mann von der Schiffsagentur ja doch recht?

Straßenkinder und teurer Käse

Nach insgesamt zweieinhalb Wochen verlasse ich das Fährschiff und den Kongo. Von meinem Malariaschub bin ich noch immer sehr geschwächt. Nun trampe ich in Richtung Zentralafrikanische Republik, deren Hauptstadt Bangui ich als nächstes Etappenziel ansteuere. Dort hoffe ich, endlich wieder Post von meiner Familie und Freunden in Empfang zu nehmen.

Unterwegs lerne ich eine junge Frau kennen und verbringe mit ihr den Abend am Lagerfeuer. Wir unterhalten uns. Irgendwann ziehen wir uns in mein Zimmer in der Herberge zurück. Dann geht alles sehr schnell: Wir küssen und streicheln uns gegenseitig, Kleider werden abgestreift und wir fallen aufs Bett. Zu den heißen tropischen Temperaturen im Dschungel kommt das hitzige sexuelle Begehren zweier junger Menschen. Mitten im Gefühlsrausch durchzuckt mich plötzlich ein Gedanke: Aids! Ich unterbreche das Ganze und krame ein Kondom aus meinem Gepäck.

Als ich am nächsten Morgen dusche, schäme ich mich. Nicht, weil ich mit einer Afrikanerin geschlafen habe, sondern weil ich gegen meine Überzeugungen gehandelt habe. Was würde ich dafür geben, das Geschehene rückgängig zu machen! Ich habe mich wohl letzte Nacht selbst betrogen. Das tut weh. Noch dazu fühle ich mich Gott und der jungen Frau gegenüber schuldig. Mir fällt auf, dass ich gar nichts über dieses Mädchen weiß: nicht, ob sie hier lebt oder auch auf der Reise ist, nicht einmal ihren Namen! Mir wird bewusst, wie schwach ich bin. Gottes Maßstäbe zu kennen, reicht allein nicht, ich brauche auch seine Kraft, um solchen Versuchungen zu widerstehen und richtig zu handeln. Und ich weiß einmal mehr, wie sehr ich Gottes Vergebung brauche.

Es gestaltet sich schwierig, weitere Mitfahrgelegenheiten zu bekommen. In einer abgelegenen Gegend warte ich schon ganze vier Tage in einer halb offenen Lehmhütte auf ein Fahrzeug. Und das bei glühender Hitze.

Endlich! Ein bereits mit Fracht überladener Lastwagen trifft ein. Auf dem geladenen Gut sitzen schon unzählige Passagiere. Ich geselle mich zu ihnen. Während der Fahrt sind wir voll damit beschäftigt, uns selbst und unser Gepäck festzuhalten. Dabei gibt der Wagen Geräusche von sich, die nicht sehr vertrauenerweckend sind. Allerdings ist die Straße besser als erwartet.

Bei Einbruch der Dunkelheit sind wir auf einem holprigen und schmierigen Streckenabschnitt unterwegs, als der Lastwagen fast umkippt. Die Passagiere schreien hysterisch, Gepäck und mindestens ein Passagier sind über Bord gegangen. Alle steigen ab und helfen mit. Der Truck muss abgeladen und freigeschaufelt werden, danach ist eine längere Reparatur nötig. Als wir endlich weiterfahren können, steht schon der Vollmond neben klaren Sternen am Himmel. Diese nächtliche Idylle berührt die Reisenden so, dass sie anfangen zu singen.

Abends stehe ich am Ufer des Ubangi, des Grenzflusses zwischen dem Kongo und der Zentralafrikanischen Republik. Amriff, ein Mitreisender vom Lastwagen, vertraut mir an, dass er im Schutz der Dunkelheit zwei große Säcke mit Waren über die Grenze schmuggeln möchte. Als er etwas später versucht, mit einem Kanu überzusetzen, wird er prompt von der Polizei erwischt. Ich beobachte, wie Amriff den Beamten ein paar Scheine zusteckt – und schon stehen ihm Tür und Tor offen. Der Schmuggler setzt seine Reise unbehelligt fort. Werde ich mich je daran gewöhnen?

Am nächsten Tag passiere ich problemlos die Grenze zur Zentralafrikanischen Republik. Ein Bekannter von Jean-Luc hat mir den Namen eines sudanesischen Tee-Exporteurs in der Hauptstadt Bangui genannt: „Wenn du Al-Teib aufsuchst, kann er dir mit Sicherheit weiterhelfen!"

Und tatsächlich finde ich einige Sudanesen, die für Al-Teib arbeiten, er selbst ist aber gerade nicht da. Ich erkläre den Männern, dass ich in den Sudan reisen möchte und ein Freund von Al-Teib mir dessen Adresse gegeben hat. Die Sudanesen laden mich ein, bei ihnen zu bleiben, denn auch sie wollen baldmöglichst zurück in ihre Heimat. So quartiere ich mich in ihre Männer-WG ein.

Voller Vorfreude laufe ich zur Deutschen Botschaft in Bangui: Was wohl in der Heimat alles passiert ist? Als ich nach meiner Post frage, werde ich jedoch enttäuscht: Die hiesigen Postmitarbeiter streiken schon seit über sechs Monaten. Meine Briefe müssen in einem der zahllosen ungeöffneten Postsäcke liegen.

„Nutzen Sie am besten den botschaftsinternen Kurierdienst", rät mir der Botschaftsmitarbeiter. „Ich habe hier die entsprechende Adresse in Deutschland. Wenn Ihre Angehörigen die Post dorthin schicken, kommt Ihre Post direkt bei uns in der Botschaft an." Ich schreibe sofort einen Brief an meine Familie und gebe ihn bei der Botschaft ab.

Nun möchte ich etwas über die Stadt und die Zentralafrikanische Republik erfahren. Wie ist die politische Situation? Auf welche Weise kann ich weiterreisen? Ich versuche, mir einen Überblick zu verschaffen.

Erst einmal werde ich mit der hier herrschenden Armut konfrontiert und bin schockiert. Es scheint kaum einheimische Produkte zu geben, fast alles wird importiert. Ich sehe Äpfel, Trauben, Karotten, Blumenkohl, Käse, Wein, Haushaltswaren, Kinderspielzeug und Kleidung aus Europa. Hühner, Eier, Tee und Kaffee aus Zaire. Löslichen Kaffee von der Elfenbeinküste, Werkzeug aus Nigeria, Kakao und Zwiebeln aus Kamerun. Import ohne Ende. Ein Kilo Äpfel kostet zwanzig Mark. Ein Kilo Käse aus Frankreich gibt es für vierzig Mark aufwärts. Wahnsinn!

Rogér ist einer der zigtausend Arbeitslosen hier. Mit ihm verbringe ich den Tag in der Stadt. Abends landen wir in einem kleinen Lattenverschlag, auf dem ein Schild angebracht ist: „Restaurant". Wir nehmen an einem Tisch Platz und bestellen etwas zu essen.

Während der Mahlzeit blicken mich durch Spalten zwischen den Brettern des Verschlages die großen Augen hungriger Straßenkinder an. Abgemagerte Jungen strecken ihre kleinen Hände durch die Ritzen und betteln um Essen. Sobald eine Gästegruppe sich vom Tisch erhebt und das Lokal verlässt, stürmen mehrere der abgemagerten Kinder an den verlassenen Tisch. Sie greifen nach den Essensresten, schlürfen Teller aus, stopfen innerhalb von Sekunden möglichst viele Speisereste – Reis, Fleisch, Fisch, Gemüse – in den Mund oder in die Fetzen ihrer zerschundenen Lumpenkleider. Doch viel Zeit bleibt ihnen nicht: Sehr schnell kommt der wutentbrannte Wirt angerannt und treibt die Kinder hinaus. Die große Armut schlägt mir buchstäblich auf den Magen. Vor meinem inneren Auge sehe ich die importierten Äpfel für zwanzig Mark das Kilo und den sündhaft teuren Käse aus Frankreich. Nur einen Kilometer von dem Bretterverschlag entfernt warten diese Produkte in einem Supermarkt nach westlichem Standard auf zahlungsfähige Käufer.

Ein paar Tage nach diesem Erlebnis blättere ich in einer westlichen Zeitschrift. Auf der Ratgeberseite geht es um „Anstandsregeln". Ein verunsicherter Leser braucht Hilfe: „Wenn jemand am Tisch mich bittet, ihm den Kartoffelsalat zu reichen, ich aber auch gerade davon nehmen will: Soll ich die Salatschüssel erst weiterreichen oder mich erst selbst bedienen?" Ich kann es kaum fassen, welche Probleme wir doch in unserer Wohlstandsgesellschaft haben!

Vage erinnere ich mich an eine Bitte in der Bibel. Ich suche nach ihr, finde sie im Buch der Sprüche, Kapitel 30, 7-9 und mache dieses Gebet zu meinem: „Herr, ich bitte dich um zweierlei, erfülle mir doch diese Bitten, solange ich lebe: Lass mich weder arm noch reich sein! Gib mir nur so viel, wie ich zum Leben brauche! Denn wenn ich zu viel besitze, bestreite ich vielleicht, dass ich dich brauche, und frage: ‚Wer ist denn schon der Herr?' Wenn ich aber zu arm bin, werde ich vielleicht zum Dieb und bereite dir, meinem Gott, damit Schande!"

Geduldsprobe

In Bangui stecke ich mehrere Wochen lang fest. Noch immer warte ich auf eine Mitfahrgelegenheit in den Nordosten der Zentralafrikanischen Republik, denn ich möchte am Grenzübergang Am Dafok in den Sudan einreisen. Doch aufgrund der Regenzeit ist die Strecke derzeit unpassierbar.

Alle anderen Möglichkeiten zerschlagen sich ebenfalls: Im Tschad herrscht Bürgerkrieg, sodass keine Einreiseerlaubnis erteilt wird, und eine weitere Alternativroute nach Westen über Kamerun verwerfe ich auch, weil ich befürchte, dass ich dort in einer Sackgasse enden würde.

Also muss ich in Bangui warten, bis es weitergeht. Täglich besuche ich den Markt, um dort die Händler zu fragen, wann sie aufbrechen. Ihre Antwort bleibt stets die gleiche: „bucra", „morgen". Schon seit Wochen werde ich vertröstet und es passiert nichts.

Ich bin drauf und dran, mich zu Fuß auf den Weg zu machen, doch meine sudanesischen Freunde halten mich zurück: „Klaus, auf der Strecke gibt es viele hungrige Löwen und Leoparden, vor allem im Nationalpark André-Félix. Da darfst du nicht zu Fuß durchmarschieren!"

Von meinen sudanesischen Gastgebern lerne ich etwas Arabisch. Sie bringen mir auch bei, einige regionaltypische Gerichte zu kochen. Dabei fällt mir die Zubereitung von roten Linsen und Chapati-Brotfladen leichter, als Hühner zu schlachten oder die vier bis acht Zentimeter großen Heuschrecken zuzubereiten.

Weder im Haus noch auf dem Grundstück meiner Gastgeber ist eine Toilette. Der Nachbar Robert erlaubt uns freundlicherweise, seine zu benutzen. Er als Zentralafrikaner ist in der christlichen Kultur aufgewachsen, während meine Gastgeber Sudanesen sind und muslimisch erzogen wurden. Hier prallen Kulturen aufeinander – manchmal in ganz kleinen Dingen. Ein Beispiel: Robert ist stolz, dass er über seinem Plumpsklo eine Kloschüssel mit Sitz hat. Sie ist einfach gebaut, aber geradezu extravagant im Vergleich zu den vielen Stehtoiletten, auf denen man in der Hocke seine Notdurft erledigt. Tijani geht an einem Morgen auf die Toilette, wenig später sucht Robert das stille Örtchen auf. Da entdeckt er Schuhabdrücke auf seinem Kloschüsselrand. Er ahnt, wie Tijani und vermutlich auch meine anderen sudanesischen Freunde die Toilette benutzen. Ganz aufgeregt kommt er aus seinem Häuschen und ruft immer wieder: „Il monte, il monte!" („Er klettert drauf, er klettert drauf!") Dazu ahmt er den armen Tijani pantomimisch nach.

Am liebsten verbringe ich meine Zeit bei Maurice, der eine Schreinerei besitzt. Wie gerne würde ich hier mit anpacken, wieder einmal mit meinen Händen arbeiten! Doch ich habe Angst, dass ich wieder Ärger mit der Polizei bekomme. Maurice präsentiert mir seine alten schweren Maschinen und stumpfen Werkzeuge. Vor allem aber ist er stolz darauf, Möbel nach den Bildern eines französischen Katalogs anzufertigen. Was macht es schon, dass dieser fast dreißig Jahre alt ist und nur zwölf Seiten umfasst.

Eines Abends kommt Sahid spät nach Hause. Er ist betrunken und fordert mich auf, noch ein Stück mit ihm zu laufen. Der vermeintliche Ausnüchterungsspaziergang endet in einer Bar. Vergeblich versuche ich, ihn vom weiteren Trinken abzuhalten oder zum Gehen zu bewegen. Schließlich mache ich mich ohne ihn auf den Heimweg, denn ich habe keine Lust mehr auf sein betrunkenes Gerede. Als ich Sahid am nächsten Morgen sehe, blicke ich in ein geschwollenes Gesicht. Eine lange Wunde zieht sich vom linken Auge entlang der Nase bis zum unteren Mundwinkel. Ich hoffe, dass ihn die Verletzung zum Nachdenken bringt. Tatsächlich verbringt Sahid einige Tage im Bett, dabei wirkt er sehr zurückgezogen und nachdenklich.

Ich weiß, dass ich meine Choleraimpfung auffrischen lassen muss, um in den Sudan einreisen zu können. Daher suche ich das städtische Krankenhaus auf. Ich erschrecke darüber, wie schmutzig es hier aussieht. Die Patientenzimmer sind überfüllt. Zimmertüren und Matratzen gibt es nur selten, die Leute sitzen oder schlafen auf den Fußböden. Für die Essensversorgung müssen Angehörige der Kranken sorgen. Sie drängen sich auf den Fluren und Terrassen, wo sie kleine Holzkohlefeuer entfachen. Am liebsten würde ich gar nichts anfassen und sofort wieder gehen, aber ich überwinde mich und lasse die Impfung über mich ergehen.

Dann muss ich dringend zur Toilette und man schickt mich nach draußen zu einer abgelegenen Hütte. Schon von Weitem stinkt es bestialisch. Kein Wunder, denn im Umkreis von zehn Metern ist der Boden kotbedeckt und es wimmelt von Fliegen, Maden und Würmern. Notgedrungen gehe ich hinein. Obwohl ich vorsichtig auf Zehenspitzen tippele, sind meine Stiefel hinterher völlig verschmiert. Und das in einem Krankenhaus!

Wettlauf mit der Zeit

Die Zeit läuft. Mein Visum für den Sudan ist nicht mehr lange gültig, und ich sitze immer noch in Bangui fest. Werde ich die Grenze erreichen, bevor mein Visum abläuft? Ich habe wirklich keine Lust, das Geld und die Zeit für eine Verlängerung aufzubringen! Hoffentlich wird „bucra" bald Wirklichkeit! Ich möchte Bangui endlich hinter mir lassen, grübele ich.

Nun erreichen uns per Funk auch noch schlechte Nachrichten über die Lage an der zentralafrikanisch-sudanesischen Grenze: Der Ort Birao meldet Hunderte Tote bei Kämpfen in der Region. Viertausend Rebellen kämpfen unter dem Befehl von John Garang, dem Führer der südsudanesischen Volksbefreiung. Wie lange soll das noch dauern? Aber ich habe Glück.

Erleichtert sitze ich ein paar Tage später auf einem mit Kaffeesäcken beladenen Lastwagen. Bei Anbruch der Nacht wollen wir Bangui in Richtung Sudan verlassen. Doch schon am Stadtrand gibt es erste Probleme. Ein betrunkener Beamte fordert meinen Pass, um den benötigten Ausgangsstempel hineinzudrücken. Offenbar wittert er seine Chance auf Bestechung und will mir den Ausweis nicht zurückgeben. Diese Machtspiele kenne ich schon. Ich setze mich ruhig hin und warte ab. Mit Erfolg: Nach einiger Zeit kommt ein anderer Polizist und reicht mir meinen abgestempelten Pass. Die Reise kann weitergehen.

Und auch diesmal wird es abenteuerlich: Wir fahren tagsüber in brütender Hitze, schlafen nachts am Straßenrand. Zwischendurch müssen wir umgefallene Bäume wegschaffen, platte Reifen flicken, Flussläufe durchqueren … Es gibt Buschbrände mit meterhohen Flammen und Straßensperren mit willkürlichen Beamten. Plötzlich bleibt der Wagen liegen. Motorpanne? Nein, der Fahrer stellt fest, dass der Tank leer ist. Offenbar ist dadurch Luft in die Leitung und den Filter gelangt. Wieder müssen wir mehrere Stunden warten.

Ich ärgere mich. Hätte der Fahrer nicht die Tankanzeige im Auge behalten können? Mir läuft die Zeit davon und er hat die Ruhe weg! Raucht ständig Dope und säuft seinen selbst gebrannten Schnaps … Kein Wunder, dass er nicht merkt, wenn das Benzin alle ist!

Endlich geht es weiter. Wir erreichen den riesigen Nationalpark André-Félix. Statt des Regenwaldes bestimmt nun der Busch die Landschaft. Im Park entdecke ich Elefanten, Löwen, Leoparden, Büffel, Giraffen, Strauße, Flusspferde und Warzenschweine. Jetzt bin ich doch froh, dass ich gewartet habe und sicher auf einem Fahrzeug sitze!

Allerdings macht mir die Fahrt sehr zu schaffen. Ununterbrochen schlagen mir Blätter, Zweige und Dornen ins Gesicht. Ich habe einen schmerzhaft eingewachsenen Zehennagel, und zu allem Überfluss hat mich auch noch ein raupenähnliches Insekt gestochen. Der Stich juckt den ganzen Tag. Langsam liegen meine Nerven blank.

Unterwegs müssen wir uns einer Gepäckkontrolle unterziehen. Bei einem Mitreisenden werden zwei Leopardenfelle entdeckt. Die Beamten entlarven ihn als Schmuggler und drohen mit einem Gewehr. Sie legen ihm Handschellen an und bringen ihn in eine Hütte. Durch ihr Gebrüll und das Gefuchtel mit der Waffe wollen sie dem Mann Angst einflößen. Doch schon zehn Minuten später kann der Schmuggler sich und die Felle für vierzig US-Dollar freikaufen. Er steigt wieder auf.

Als wir endlich Birao erreichen, erfahren wir, dass die Kämpfe an der Grenze beendet wurden. Erleichtert reise ich weiter nach Am Dafok, der Grenze zum Sudan.

Der sudanesische Grenzbeamte nimmt meinen Pass entgegen und stellt fest, dass mein Visum vor drei Tagen abgelaufen und somit ungültig ist. Aufgeben kommt für mich nicht infrage, und so erzähle ich ihm von den widrigen Reisebedingungen und den langen Wartezeiten. Er redet beruhigend auf mich ein und schickt mich erst einmal zum Ausruhen und Teetrinken. Immerhin. Erschöpft schlafe ich auf einer Matte im Schatten ein. Grenzbeamte wecken mich später und begleiten mich ins Büro des Polizeichefs. Ihm erkläre ich noch einmal meine Lage. Der Polizist betrachtet meinen Pass und teilt mir dann seinen Beschluss mit:

„Ich habe keine andere Möglichkeit, als Sie nach Bangui zurückzuschicken. Dort müssen Sie sich ein neues Visum besorgen. Tut mir leid!", sagt er.

Ich fühle mich, als hätte ich einen Hieb in die Magengrube bekommen. Tausend Kilometer zurückreisen? Nur wegen drei Tagen Verspätung? Da muss sich doch noch was machen lassen! Die Nacht verbringe ich vor der Polizeistation und versuche, die Beamten zu bestechen. Doch vergebens. Müde und enttäuscht lege ich mich zum Schlafen hin. Da wird einer der Inhaftierten in den Vorhof der Polizeistation geführt. Zehn Polizisten verspotten und peinigen ihn, schlagen ihn sogar mit einer Peitsche. Das geht den ganzen Abend so. Ich bin zu erschöpft, um irgendetwas zu unternehmen und schlafe mit einem miesen Gefühl ein.

Am nächsten Morgen spreche ich noch einmal mit dem Polizeichef. Doch er hält an seiner Entscheidung fest: Ich darf nicht in den Sudan einreisen, sondern muss zurück nach Bangui.

Fragwürdige Entwicklungshilfe

Zurück in Bangui beantrage ich ein neues Visum für den Sudan. Vier bis sechs Wochen wird es dauern, bis ich es abholen kann. Die Zeit muss ich irgendwie überbrücken. Weil ich die Gastfreundschaft meiner sudanesischen Freunde nicht überstrapazieren möchte, suche ich eine Möglichkeit, mir Essen und Unterkunft zu verdienen. Ich besuche Maurice. Am liebsten würde ich für ihn arbeiten, doch ich erhalte keine Arbeitserlaubnis.

Eine Anstellung bekomme ich schließlich über eine deutsche Entwicklungshilfeorganisation. Sie suchen einen Handwerker, der im fünfhundert Kilometer nordwestlich gelegenen Pauoa allerlei Aufgaben erledigt: Maurerarbeiten, Reparaturen von Werkzeug und Maschinen sowie die Anfertigung von Schranktüren. Außerdem baue ich eine Kinderschaukel, flicke Zäune, streiche Wände und setze Türen ein.

Das Gelände der Organisation ist abgegrenzt und umzäunt. Mehrere Wohnhäuser und Werkstattgebäude gehören dazu. Mir wird ein eigenes Haus mit drei Schlafzimmern zur Verfügung gestellt. So viel Luxus bin ich nicht mehr gewohnt und es kommt mir auch übertrieben vor, allein in diesem großen Haus zu leben. Überhaupt mache ich Beobachtungen, die mir widerstreben: Die Entwicklungshelfer leben nicht wirklich mit den Einheimischen zusammen. Abgesehen von der räumlichen Abgrenzung scheinen auch die Beziehungen zwischen Europäern und Afrikanern nicht partnerschaftlich, sondern von Vorurteilen und Misstrauen geprägt zu sein. Kein Wunder, die Ingenieure leben hier nämlich im Wohlstand und können sich die überteuerten, aus Europa importierten Waren leisten. Ich erfahre, dass zumindest die deutschen Mitarbeiter angeblich fünfzehntausend Mark monatlich verdienen.

Dann bekomme ich einen Auftrag, der mir seltsam vorkommt: Die Haustüren der deutschen Mitarbeiter bestehen aus einheimischem Massivholz, funktionieren wunderbar und sind gut erhalten. Diese soll ich nun ausbauen und durch in Deutschland gefertigte Alutüren ersetzen. Kostenpunkt: zehntausend Mark pro Stück. Ist das nicht eine fragwürdige Entwicklungshilfe? Oder bin ich bloß das Denken der Wohlstandsgesellschaft nicht mehr gewohnt? Wer hilft hier wem? Die Devise lautet wohl: Afrika hilft mir persönlich.

Diese Überlegungen lassen mich sensibler werden hinsichtlich meiner eigenen Gedanken und Urteile. Ich erkenne, dass ich auf mich selbst achthaben muss. Zugleich entdecke ich in der Bibel Charaktereigenschaften, die der Heilige Geist in Menschen bewirkt: Liebe, Freude, Friede, Geduld, Freundlichkeit, Güte, Treue, Sanftmut und Selbstbeherrschung (Galater 5,22). Diese Eigenschaften wünsche ich mir, ja ich bekomme regelrecht Sehnsucht danach. Immer wieder bitte ich Gott um Einsicht, Zufriedenheit trotz widriger Umstände, ein reines Herz und einen fröhlichen Geist sowie um Schutz vor zu viel Armut oder Reichtum. Früher gab es in meinem Leben keinen Raum für Gebet, jetzt bete ich viel und habe Freude dabei.

Die Entwicklungshilfeorganisation möchte eine Halle auf ihrem Gelände errichten lassen. Dazu sind bereits viele „Sparrenträger" – aufeinandergenagelte Bretter – vorbereitet worden. Diese zwölf Meter langen Teile sollen nun schnellstmöglich aufgerichtet und mit Dachlatten sowie einem Blechdach versehen werden. Mir kommen Bedenken, ob diese Konstruktion überhaupt tragfähig ist, und ich spreche einen älteren Bauingenieur darauf an.

Seine Antwort ist deutlich: „Klaus, ich bin hier der Chef. Ich weiß schon, was ich tue. Jetzt erledige deinen Job und nagele zusammen mit deinen Leuten die restlichen Bretter zusammen. Und dann richtet sie auf. Los geht's."

Ich gehorche. Einige Tage später sehe ich zufrieden zu den über mir befestigten Sparren hinauf und freue mich über die schnellen Fortschritte beim Hallenbau. Als ich in sieben Metern Höhe mit zwei Arbeitern auf den Sparren stehe, um die Latten zu befestigen, kracht plötzlich die ganze Konstruktion in sich zusammen. Meine Mitarbeiter und ich stürzen ab. Arbeiter am Boden werden getroffen. Schreie. Panik bricht aus.

Vier Mitarbeiter mit Haut-, Fleisch- und Kopfverletzungen werden ins nahegelegene Krankenhaus eingeliefert. Ich selbst habe am rechten Arm eine tiefe Schürfwunde, dazu eine Verrenkung im Genick und Kopfschmerzen. Meine körperlichen Blessuren nehme ich in diesem Moment kaum wahr, aber mein Gewissen schreit: Das ist alles meine Schuld! Ich war für meine Mitarbeiter verantwortlich. Ich Idiot! Ich hätte auf Mittelpfeilern bestehen müssen. Warum habe ich mich dazu verleiten lassen, dieser Konstruktion zu trauen? Schließlich bin ich Fachmann! Jetzt bin ich schuld, dass die Männer im Krankenhaus liegen …

Besorgt gehe ich mehrmals täglich ins Krankenhaus und besuche die verletzten Arbeiter. Dabei werde ich an die unhygienische Klinik in Bangui erinnert: Auch hier gibt es keine Matratzen und dafür viele Dauerbesucher. Ich hoffe und bete, dass meine Männer keine inneren Verletzungen haben und keine Langzeitschäden zurückbleiben.

Die Wunde an meinem Unterarm versorge ich selbst. Allerdings nicht gut, wie sich später herausstellt. Unter der dicken Kruste ist eine eiternde Entzündung entstanden, die ich noch lange mit Bädern und Verbänden nachbehandeln muss.

Ich bin erleichtert, als mir über die Funkstation endlich mitgeteilt wird, dass ich mein Visum in Bangui abholen kann. Ein Mitarbeiter der Entwicklungsstation bringt mich im Pick-up nach Bangui zurück. Unterwegs halten wir in einem Dorf und kaufen ein Huhn als Gastgeschenk für meine sudanesischen Freunde in Bangui. Die werden sich freuen! Wieder im Pick-up, lässt der Fahrer eine Kassette mit Musik von Freddy Quinn laufen. Auf diese Weise höre ich im Herzen Afrikas die Bitte: „Junge, komm bald wieder, bald wieder nach Haus. Junge, fahr nie wieder, nie wieder hinaus. Ich mach mir Sorgen, Sorgen um dich. Denk auch an morgen, denk auch an mich … Bleib nicht so lange fort …" Ob die Botschaft wohl mir gilt?, frage ich mich.

Schwarze Steine

Es ist hoffnungslos. Ich gebe auf und lasse mich schwer auf einen Stuhl fallen. Meinen linken Fuß, in dem der Schmerz pocht und klopft, lege ich schnell hoch. Keinen einzigen Schritt kann ich mehr gehen!

Schon seit Wochen habe ich Probleme mit meinem ins Fleisch eingewachsenen Zehennagel. Gut die Hälfte der Strecke nach Am Dafok habe ich zurückgelegt. Doch in N'dele merke ich, dass ich nicht mehr weiterkann. Ich bin froh, dass mir Diane, eine junge amerikanische Lehrerin, die für „Peace Corps" arbeitet, hilft. Sie badet und verarztet den Zeh. Doch auch diese Fürsorge ist vergeblich, der linke große Zeh ist dick angeschwollen, stark entzündet und vereitert. Es tut so weh, dass ich nachts nicht schlafen kann. Meine Weiterreise in den Sudan kann ich erst mal vergessen.

Am nächsten Morgen überrascht mich Diane mit einem Besucher: Sie hat einen alten Franzosen namens Pierre geholt, der mir angeblich helfen kann. Der Alte untersucht meinen Fuß und erklärt mir, wie er ihn behandeln möchte. Was er beschreibt, ist mir so fremd, dass ich ihn erst einmal für verrückt halte, aber ich habe wohl gar keine andere Wahl. So nehme ich den alten Badeschuh entgegen, den er mir bringt, und willige in eine Verabredung für den nächsten Morgen ein.

Um sieben Uhr früh treffe ich mich mit Pierre am Markt. Frisches, zerteiltes Rindfleisch liegt auf alten Holzgestellen. Größere Fleischstücke sind mit Seilen an den Bäumen festgemacht und hängen hinter den Gestellen im Schatten. Allerdings ist nicht viel von dem Fleisch zu sehen: Alles ist mit Fliegen übersät.

Pierre läuft zielstrebig zwischen den Marktständen hindurch – ergeben humple ich ihm nach. Er verhandelt hier und dort mit den

Händlern. Schließlich ist er mit einem Angebot zufrieden und er-
steht die beiden Vorderhufe eines männlichen Rindes.

Zufrieden führt er mich zu seiner Werkstatt. Ich darf mich setzen und beobachte Pierre bei der Arbeit. Er holt einen breiten,
rostigen Schraubenzieher und kratzt die Fleischreste von den
Knochen ab. Das Mark drückt er heraus. Danach beginnt er, den
Knochen mit einer stumpfen, alten Eisensäge in kleine Stücke zu
teilen. Meine Verschnaufpause dauert nur kurz, denn Pierre drückt
mir die Säge in die Hand und gibt mir Arbeitsanweisungen: Die
Knochenstücke sollen eineinhalb bis zwei Zentimeter lang, einen
Zentimeter breit und fünf bis acht Millimeter dick sein. Ich humple
an die Werkbank, verlagere mein Gewicht auf das rechte Bein und
stehe ziemlich wackelig da. Während ich unter diesen Umständen
mein Bestes gebe, zündet Pierre in einer großen Tonne ein Feuer
an. Der Alte bringt eine kleine Konservendose, die mit Quarzsand
gefüllt ist. In dem Sand vergräbt er die kleinen Knochenstücke, die
ich ihm reiche. Dann verschließt er die Dose und wirft sie in die
große Feuertonne.

„So, jetzt müssen sie ausglühen", sagt Pierre und verabschiedet
mich.

Als der alte Franzose am nächsten Tag vor Dianes Haus steht, ist
mir recht mulmig zumute. Ich weiß ja schon, was mir bevorsteht. Er
versichert sich, dass ich gut liege, und holt einige „schwarze Steine"
aus seiner Tasche. Es sind die ausgeglühten Knochenstücke. „Dieser Stein wird deiner Wunde die Entzündung entziehen und gleichzeitig den Zeh mit allem versorgen, was er zur Heilung braucht",
verspricht Pierre.

Er greift nach einer Rasierklinge. Ich presse die Lippen zusammen und halte die Luft an. Er schneidet in meinen entzündeten
Zeh. Ein kleiner Schnitt auf der Innenseite. Der Schmerz ist unbeschreiblich. Als Blut läuft, setzt Pierre den „schwarzen Stein" in
den Schnitt. Er drückt ihn kurze Zeit an, bis er von alleine hält. Danach macht er auf der Oberseite, hinter dem Nagel, einen weiteren
Schnitt. Auf das austretende Blut klebt er den nächsten Knochen.

Trotz der Schmerzen interessiert mich die Behandlung so, dass ich immer wieder hinsehe. Gut, dass ich schon liege!

Nach getaner Arbeit verlässt mich der Alte bis zum nächsten Tag. Dann begutachtet er sein Werk und entscheidet, dass er leider noch einmal schneiden muss. Er setzt einen weiteren verkohlten und ausgeglühten Rinderknochen an den blutverkrusteten Zeh. Auch am nächsten Tag bleibe ich nicht verschont, bis mein Zeh mit vier „heilenden Steinen" bestückt ist.

Stunde um Stunde liege ich auf der Bambusliege in Dianes Wohnung, bei der ich eine Zeit lang bleiben darf. Ich liege im Schatten und blicke hoch zum Strohdach. Die Zeit dehnt sich wie Gummi und mir ist schrecklich langweilig. Die meisten von Dianes Büchern und Zeitschriften habe ich schon gelesen. Um mir die Zeit zu vertreiben, gehe ich fast täglich – links mit einem Badeschuh und rechts mit einem Militärstiefel ausgestattet – zum Markt, um Einkäufe zu erledigen oder mit Leuten zu reden. Ganz langsam schreitet der Heilungsprozess voran. Nach zwei Wochen ist die Entzündung so weit abgeklungen, dass ich weiterreisen kann. Auf was man sich in der Not nicht alles einlässt!

„Lasst mich hier liegen!"

Wieder einmal steht mir ein Ritt auf einem überladenen Lastwagen bevor. Ich lasse meinen Blick an dem Wagen hochwandern. Er ist natürlich schon mit Fracht beladen, dieses Mal werde ich auf Weichholz gebettet reisen. Auf dem Holz sind noch zwei große Fässer Diesel, ein Ersatzrad, diverse andere Ersatzteile und Zementsäcke festgebunden.

Zwei Fässer Diesel!? Na, so ganz ungefährlich ist das ja auch nicht gerade, denke ich. Momentan werden auch noch die Stoßdämpfer ausgebaut und repariert … Die werden sie doch bestimmt vor der Abfahrt wieder einbauen?, hoffe ich. Sonst wird das richtig ungemütlich!

Doch der Fahrpreis bis Am Dafok ist schon bezahlt – außerdem bin ich dankbar, endlich weiterzukommen. So steige ich mit den anderen Passagieren und meinem Proviant auf die Fracht. Zu meiner Wegzehrung gehört unter anderem ein noch lebendes Huhn, das ich auf der Ladung neben mir festbinde.

Während der Fahrt bläst uns der Wind aus Nordosten Unmengen von Saharastaub in unsere Gesichter. Wir kämpfen uns durch gelb-grauen Nebel – es ist fast schon ein Sandsturm. Zum Schutz gegen den feinen Staub hülle ich mich in mehrere dünne Tücher. Von meinem Gesicht sind nur noch die zusammengekniffenen Augen sichtbar. Wir passieren Buschland, Steppe und auch wilde Tiere. Ständig schlagen herabhängende Äste und Dornen auf mich ein. Wir Passagiere sitzen, liegen oder knien in drei Metern Höhe auf rauen Holzbohlen und werden durchgeschüttelt.

Bereits am zweiten Tag im Naturreservat bemerke ich, dass sich Malariaschmerzen in meinem Körper ausbreiten: vom Kopf über die Schultern, den Rücken hinunter ins Kreuz und von den Waden über die Knie und Schenkel hinauf ins Kreuz. Meine Körpertemperatur steigt. Ich schwitze und friere gleichzeitig. Mühsam krame ich Malariatabletten und Schmerzpillen hervor und nehme sie ein.

Bin ich frustriert! Das ist jetzt schon der vierte Malariaschub! Und dann erwischt es mich jedes Mal, wenn ich gerade unterwegs bin, hadere ich. Warum gerade jetzt?

Als wir am Abend rasten, schaffe ich es gerade noch, vom Lastwagen hinunterzurutschen. Doch dann kann ich mich nicht mehr auf den Beinen halten. Ich versuche, mich zu rühren, aber auch die kleinste Bewegung tut furchtbar weh. Stöhnend liege ich neben dem Wagen. Nach einiger Zeit gelingt es mir, weitere Schmerztabletten aus dem Gepäck zu holen. Ich schlucke ein paar Pillen und schlafe an Ort und Stelle ein.

Als ich wieder zu mir komme, ist es schon dunkel. Einige Männer stehen über mir. Die Mitreisenden haben offensichtlich gemerkt, dass ich nicht aus eigener Kraft zum Lagerplatz komme. Sie heben mich hoch und tragen mich zur Feuerstelle. In der Nacht plagen mich hohes Fieber und Schüttelfrost. Ich muss mich mehrfach übergeben. Die Malariaerkrankung hat mich voll im Griff.

Morgens steigen alle wieder auf den Wagen. Es soll weitergehen, doch ich kann nicht. Ich will nicht. Das halte ich nicht aus! Wieder auf dem Laster. Wieder ständiges Gerüttel. Wieder der Hitze, der glühenden Sonne, Dornen und Ästen ausgesetzt – und dann diese unerträglichen Schmerzen.

„Lasst mich in Ruhe … Lasst mich hier liegen!", bitte ich die anderen Passagiere.

„Das überlebst du nicht! Entweder du lässt dich von uns auf den Wagen heben und kommst mit oder du wirst von den Löwen oder Schakalen gefressen!", machen mir die Reisenden klar. Mir bleibt nichts anderes übrig, als mir auf den Lastwagen helfen zu lassen.

Wie ein Häufchen Elend liege ich auf der Fracht, die Weiterreise ist für mich die reinste Qual. Plötzlich bleiben wir stehen. Ein Truck mit Motorschaden versperrt den Weg. Für mich ein Hoffnungsschimmer: Vielleicht kann ich nun eine Weile ruhig liegen und schlafen? Aber daraus wird nichts. Der Beifahrer unseres Last-wagens holt eine Axt heraus und fällt mithilfe einiger Passagiere drei Bäume. Die Umfahrung ist geebnet – und wir fahren weiter.

Inzwischen beträgt die Lufttemperatur vierzig Grad Celsius im Schatten. Zudem bin ich auf der Ladefläche der prallen Sonne aus-gesetzt. Ich krümme mich, zucke und stöhne vor Schmerzen. Hin und wieder beuge ich mich über den Rand der Ladung und würge grünen Schleim heraus. Die Fahrt erscheint mir endlos, doch ich klammere mich an das Leben.

Markttreiben

Bin ich dankbar, als unser Lastwagen in Birao, einer Stadt im Norden der Zentralafrikanischen Republik, einen Zwischenstopp einlegt! Fieber und leichte Gliederschmerzen plagen mich zwar immer noch, aber den schlimmsten Teil des Malariaschubes habe ich überstanden.

Der Wind aus Nordost lässt nicht nach. Ständig wirbelt er die Staubstraßen auf, Äste und Blätter der Akazien-, Feigen- und Mangobäume fliegen herum. Auch die Sonne brennt unbarmherzig vom Himmel. Daher bin ich froh, als ich einen Teeladen bemerke. Mit seinem Strohdach und den Strohmatten, die auf zwei Seiten vor dem Wind schützen, bietet er mir einen Zufluchtsort vor Staub und Sonne.

Langsam zur Ruhe kommend schlürfe ich meinen süßen Tee und sehe dem beginnenden Markttreiben zu. Ein junger Hirte führt seine Kuhherde an mir vorbei zum Marktplatz. Verkäuferinnen strömen herbei, ihre Waren tragen sie in Schüsseln und Säcken auf dem Kopf. Ich beobachte, wie einige Männer säckeweise getrocknete Mangos herbeischleppen. Ein Hühnerhändler trifft ein und baut seinen „Marktstand" auf: Ein langer Stock, an dem er zwölf Hühner mit den Füßen befestigt hat, wird im Schatten eines Mangobaumes platziert – fertig. Auch der Schlachter bereitet sich auf seinen Arbeitstag vor. Er arbeitet im Freien, direkt auf dem Marktplatz. An einem Akazienbaum hängt bereits eine Rinderhälfte. Nun werden aus einem Hinterhof zwei weitere frisch geschlachtete Rinder in großen Stücken herangebracht – und zwar auf Schubkarren. Der Schlachter beginnt auf seinem Hackklotz, einem etwa zwei Meter langem Baumstamm, im Schatten einer weiteren Akazie die erste Rinderhälfte zu zerlegen. Er zerkleinert das Fleisch mit einer großen Axt und befestigt die Stücke mit Stricken an Baumästen. Kleinere Teile legt er gleich auf den Tisch neben eine Waage – dies ist seine Verkaufstheke. Auch hier lassen sich wieder ganze Fliegenschwärme auf dem Fleisch nieder.

Inzwischen sind viele Menschen zum Markt gekommen. Die Menge ist bunt gemischt, Männer und Frauen, alt und jung. Sie setzen sich in Teeläden oder unter schattenspendende Bäume und unterhalten sich, manche tätigen auch ihre Einkäufe. Die Stimmen dringen zu mir herüber. Wie viel die alle reden! Ihnen gehen die Worte nie aus, denke ich. Sie erzählen, diskutieren, feilschen … Das Zuhören entspannt mich. Zwischendurch nicke ich ein oder ich schreibe meine Beobachtungen auf. Hier könnte ich es aushalten, bis ich wieder fit bin. Aber der Lastwagen wartet schon, um mich die letzten siebzig Kilometer durch das Niemandsland nach Am Dafok zu bringen.

Ich stehe also auf und schlendere über den Markt in Richtung Treffpunkt. Faszinierend, dieses schlichte afrikanische Markttreiben! Ein Medizinmann entdeckt mich und winkt mich an seinen Stand. Hier hängen ein Dutzend Schlangenköpfe, drei Krokodilsköpfe, Wurzeln, Kräuter, Felle und kleine Säckchen mit Puder. Dosen mit Cremes füllen die Ablage.

Offenbar kennt der Medizinmann die Probleme des weißen Mannes in Afrika: „Wenn du Magenschmerzen hast …" Damit hat er mein Interesse geweckt. Er zeigt auf zwei verschiedene Schlangenköpfe und fährt fort: „… musst du die beiden Schlangenköpfe zerstampfen und ins Essen mischen. Dann werden alle Magenbeschwerden geheilt!"

Ich lehne sein Angebot dankend ab und begebe mich zum Lastwagen.

Wieder auf der Fracht thronend, mache ich eine kleine Bestandsaufnahme meines Körpers. Krankheit und Reise haben mich ziemlich gebeutelt, und so sehe ich auch aus. Meine Haut ist an einigen Stellen durch Ausschläge sehr trocken und aufgeplatzt. Außerdem sind meine Lippen, das Zahnfleisch und sogar die Zunge entzündet.

Wahrscheinlich sind Mangelernährung, die extrem trockene Luft und mein geschwächtes Immunsystem dafür verantwortlich. Von den Nachwirkungen der Malaria ganz zu schweigen. Ich fühle mich gar nicht wohl in meiner Haut.

Auch der Grenzübergang bereitet mir wieder einmal gemischte Gefühle. Zum einen bin ich froh, ein neues, gültiges Visum zu haben. Zum anderen denke ich noch an die Willkür der Polizisten, die mit dem Gefangenen ihr Unwesen getrieben haben.

Einige Beamte erkennen mich tatsächlich wieder und begrüßen mich sehr freundlich. Der Polizeichef bietet mir sogar an, in der Wache zu duschen. Den ganzen Dreck vom Reisen und die Krankheit vom Körper spülen, traumhaft!

Als ich den Waschraum betrete, hallt mir schon ein bekanntes Geräusch entgegen: Hühnergackern. Sechs Hennen haben es sich hier gemütlich gemacht. Ich scheuche sie hinaus und nehme mir die Dusche vor. Sie muss von der Hühnerkacke und den herumliegenden Rasierklingen befreit werden. Dann erst steige ich in die Duschwanne und drehe den Strahl auf. Herrlich erfrischendes Wasser plätschert auf mich herab. Ich drehe mich, seife mich ein und genieße.

Nun bin ich legal und sauber im Sudan. Endlich!

Karawanen

Lastwagen, so weit das Auge reicht! So sieht eine moderne Karawane aus. Ich habe mich einer solchen Lkw-Kolonne angeschlossen, um in ihrem Schutz der Hauptstadt des Sudan, Khartum, näherzukommen. Mit der Karawane möchte ich bis nach Nyala reisen und dort in einen Güterzug steigen. Auf der Fracht sitzend beobachte ich, wie die Savanne im Laufe der Reise immer offener wird und schließlich in eine Wüstenlandschaft übergeht.

Mir fällt auf, dass unsere Karawane immer pünktlich zu den muslimischen Gebetszeiten hält. Dazu fahren wir langgezogene Dörfer oder Dorfteile an. Hunderte meist weiß gekleidete Reisende, steigen aus und fangen an, die vorgeschriebenen rituellen Waschungen vorzunehmen. Mit Wasser aus mitgebrachten Kanistern reinigen sie ihre Finger und Hände, spülen Mund und Nase aus, waschen Gesicht, Arme, Kopf, Ohren und Füße oder benetzen sie mit Wasser. Seite an Seite rollen sie ihre Gebetsteppiche aus, bis schließlich eine mehrere hundert Meter lange Reihe entsteht. Dann fallen sie mit dem Gesicht nach Osten nieder und sprechen die vorgeschriebenen Gebete. Diese Demonstration ihres Glaubens beeindruckt mich.

Während eines längeren Aufenthaltes bietet mir ein Koranlehrer an, zum muslimischen Glauben zu wechseln. Ich würde sofort ein Pferd und Bargeld erhalten, verspricht er mir, später auch eine Frau. Es werden mir noch andere verlockende Angebote unterbreitet. Die einzelnen Personen schätze ich sehr, und doch spüre ich, dass Jesus Christus mich schon längst überzeugt hat. Daher lehne ich alle Angebote dankend ab.

Allerdings halte ich den muslimischen Fastenmonat, den Ramadan, ein. Zwar faste ich nicht aus Glaubensgründen, doch ich habe längst gelernt, dass es eine gute Sache ist, Verzicht zu üben. Und so beschließe ich, aus Solidarität den Sudanesen gegenüber zu fasten. Tagsüber esse ich nichts und nehme auch nichts in den Mund. Genau wie die anderen Reisenden esse ich nur zwischen Sonnenuntergang und Sonnenaufgang. Offenbar fasten aber nicht alle freiwillig. Immer wieder beobachte ich, wie ein Polizist jemanden anspricht, der am Tag öffentlich isst oder etwas im Mund hat.

Sicher in Nyala angekommen, suche ich den Bahnhof, um mit dem Zug zur dreihundertfünfzig Kilometer entfernten Kleinstadt Babanusa zu fahren. Der Zug lässt jedoch auf sich warten. Ich möchte schon einmal meine Fahrkarte besorgen, werde jedoch aufgeklärt, dies sei erst bei Eintreffen des Zuges möglich.

Also setze ich mich hin und beobachte die Menschen. Männer, Frauen und ganze Kinderscharen drängen sich im Bahnhof. Die wöchentliche Ankunft und Abfahrt des Zuges ist ein großes Ereignis für den kleinen Ort. Ich bemerke, dass sehr viele Uniformierte anwesend sind: Hunderte Soldaten werden von hier aus in den bürgerkriegsgebeutelten Süden zur „Rebellenbekämpfung" transportiert. Die meisten von ihnen sind sehr jung, manche erst Teenager.

Vier Stunden später ist es so weit und der Cargo-Zug trifft ein. Lange warte ich in der Schlange vor dem Ticketschalter. Als ich endlich dran bin, bekomme ich als Ausländer eine Auflage: Ich muss vor dem Kauf mehrfach schriftlich bestätigen, dass ich den Güterzug auf eigene Verantwortung besteige.

Endlich kann es losgehen. Die unzähligen Reisenden verteilen sich in und auf den Güterwaggons. Als der Zug die Station verlässt, ist das ein Fest: Hunderte Kinder laufen neben dem Zug her oder rennen ihm nach. Erwachsene veranstalten ein Freudengeschrei, und die Soldaten feuern noch lange in die Luft. Einen Tag und eine Nacht verbringe ich in dem verdreckten Güterzug, bis ich dankbar in Babanusa aussteige.

Ich habe Glück und finde gleich eine Mitfahrgelegenheit in Richtung Khartum. Und zwar – wie sollte es anders sein – auf einem

Lastwagen. Der Wagen hat Säcke mit Weizen geladen, auf denen ich es mir gemütlich mache. In Stofftücher gehüllt beobachte ich die vorbeiziehende Landschaft und jede Menge Tiere: bunte Vögel, Maultiere und Kamele. Als wir gerade auf einen Baum zufahren, verdunkelt sich urplötzlich der Himmel und es fängt unheimlich an zu rauschen: Wir haben einen Heuschreckenschwarm aufgeschreckt, der sich auf dem Baum ausgeruht hat. Als wir in den Schwarm geraten, bin ich dankbar, dass mein Körper und vor allem mein Gesicht in diesem Moment verhüllt sind. Milliarden von Heuschrecken flattern um uns herum. Ich atme auf, als wir die Insektenwolke hinter und gelassen haben. Immer wieder beobachte ich nun dieses beeindruckende, aber auch bedrückende Naturschauspiel. Denn durch ihr geballtes Auftreten und ihre Gefräßigkeit sind diese Insekten eine dauernde Existenzbedrohung für die Bevölkerung.

In Al Rabat ist es mit dem weichen Untergrund vorbei, denn der Weizenbesitzer steigt aus und nimmt seine Säcke mit. Zu meinem Entsetzen kommen darunter grobe, ungleichmäßige Stämme und Äste zum Vorschein. Nicht schon wieder!, stöhne ich innerlich. Wenigstens bin ich diesmal nicht krank. Da ich keine andere Wahl habe, muss ich mich auf dem harten Holz niederlassen.

Die Straßen sind nun von sehr schlechter Qualität. Sie bestehen aus tiefem Sand, der es irgendwie fertigbringt, den ganzen Lastwagen holpern zu lassen. Immer wieder fahren wir uns fest und müssen das Fahrzeug freischaufeln, manchmal sogar mit bloßen Händen.

Endlich am Ziel! Erleichtert steige ich in Khartum vom Wagen. In der sudanesischen Hauptstadt pulsiert das Leben. Nach Sonnenuntergang wird das Fasten gebrochen und mächtig gefeiert. An jeder Straßenecke haben Frauen etwas aufgebaut: Selbst gemachte Limonaden, Tee, Kaffee, Hirsebrei, Soßen, die Liste ist endlos. Restaurants haben ihre Türen geöffnet. Jeder scheint froh zu sein, dass ein weiterer Fastentag geschafft ist.

Bis in die Nacht hinein feiere ich mit. Dann falle ich in meinem Hotelzimmer ins Bett und schlafe. Ja, diesmal bin ich in einem Hotel abgestiegen! Mit Ventilator und Wasser, so viel ich brauche … und ich genieße den Luxus.

Es ist extrem heiß in Khartum, das Thermometer zeigt bis zu fünfundvierzig Grad Celsius an. Die Sonne brennt gnadenlos auf die Stadt herab. Dann schlägt das Wetter um und bringt einen Sandsturm mit sich. Man kann nur noch wenige Meter weit sehen und schon nach kurzer Zeit im Freien schmerzen mir die Augen. Meine Haare und Klamotten sind voller Sandstaub. Wie gut, dass ich eine Dusche im Hotelzimmer habe. Bis zu fünfmal täglich stelle ich mich darunter und wasche den Staub von meinem Köper.

Erwartungsvoll mache ich mich auf den Weg zur Deutschen Botschaft. Hoffentlich hat es diesmal mit der Post geklappt! Ich staune nicht schlecht, als mir vierundzwanzig Briefe und ein Päckchen von meiner Familie und Freunden überreicht werden! Überglücklich kehre ich ins Hotel zurück und öffne die ersten Briefe. In einem Karton ist sogar eine große Packung Karamellpralinen. Ramadan hin oder her, wann habe ich das letzte Mal Toffifees bekommen! Ich kann der zarten Versuchung nicht widerstehen und breche das Fasten. Nur eine halbe Stunde brauche ich, um die große Schachtel Pralinen komplett zu leeren.

Es dauert nicht lange, bis ich die Folgen meiner Nascherei zu spüren bekomme. Mein Magen war auf Fasten eingestellt und ist mit der großen Menge Schokolade schlichtweg überfordert. Es rumpelt im Bauch und ich bekomme Durchfall, was bei dieser Hitze besonders unangenehm ist.

Wieder einmal brauche ich neue Stiefelsohlen. Ich packe einen Teil der Briefe und Schreibsachen ein und gehe zum Schuhmacher am Markt. Während er das Kuhleder zuschneidet, verklebt, näht und nagelt, lese und beantworte ich meine Post. Dabei wandern meine Gedanken immer wieder Richtung Deutschland. Doch bevor ich mich tatsächlich auf den Heimweg mache, habe ich noch andere Pläne. Bald möchte ich Khartum verlassen, denn Ägypten lockt. Ich möchte Kairo sehen und anschließend nach Alexandria reisen. Vom Mittelmeer aus soll es mit der Fähre wieder nach Europa gehen.

Wüstenerlebnisse

Nur noch zweieinhalbtausend Kilometer bis zum Mittelmeer, freue ich mich und erschrecke gleichzeitig. Nur noch? Offenbar hat sich mein Verhältnis zu Entfernungen deutlich geändert, denn früher sind mir zweieinhalbtausend Kilometer richtig weit vorgekommen.

Doch es ist noch zu früh, um ans Meer zu denken. Immerhin muss ich noch ein Stück Sahara durchqueren, wenn ich nach Ägypten kommen will. Den ersten Abschnitt lege ich mit einem zum Bus umfunktionierten Lastwagen zurück. Auf der Fahrt hülle ich meinen Kopf wieder in dünne Tücher, um mich vor dem Wüstenstaub zu schützen. Wenn ich durch einen Spalt zwischen den Tuchlagen spähe, lasse ich die Schönheit dieser Gegend auf mich wirken. Auf der Seite, wo der Nil fließt, ist alles grün. Ich erkenne Gemüseplantagen, Äcker, Bäume, kleinere Dörfer sowie Schaf-, Esel-, Ziegen- und Kamelherden. Auf der anderen Seite herrscht die Wüste: endlose Sandflächen und vertrocknete Sträucher, die sich nach Wasser sehnen.

Irgendwann fährt der Bus nicht weiter und ich steige wieder mal auf die Ladefläche eines Lastwagens um. Auch hier staubt es beim Fahren gewaltig. Mit dem Lkw bleiben wir allerdings immer wieder im tiefen Wüstensand stecken, müssen Zwangspausen machen und das Fahrzeug freischaufeln. Vereinzelt ziehen Reiter auf Kamelen und Eseln vorbei. Manchmal treffen wir sogar ganze Karawanen. Mir fällt auf, dass die Reittiere nicht nur mit Säcken, sondern auch mit großen, hübsch verzierten langen Schwertern beladen sind.

Als wir in der Stadt Atbara ankommen, bin ich mit meinen Kräften am Ende. Das Klima, das Fasten und die Reisestrapazen haben mich erschöpft. So kommt es mir ganz gelegen, dass ich hier einige Tage Aufenthalt habe, weil ich auf einen Zug nach Abu Hamad warten muss. Ich lasse mich von einem zehnjährigen „Taxifahrer" mit Eselskarren in eine Herberge bringen.

Mitten in der Nacht werde ich von einem Geräusch geweckt. Da macht sich doch jemand am Schloss meiner Zimmertür zu schaffen! Erschrocken setze ich mich auf. Ich höre, wie die Türe geöffnet wird, doch es dringt kein Licht ins Zimmer.

„Wer ist da?", rufe ich.

„Akul, akul!", antwortet eine Stimme aus der Dunkelheit. Dann wird ein Streichholz angerissen und eine Kerze angezündet. Ich erkenne Messis, den Nachtwächter der Herberge. „Akul!", wiederholt er. „Iss!" Dabei hält er mir Lebensmittel unter die Nase: Brot mit Aufstrich, Eier und Salz. Er setzt sich zu mir und wir essen bei Kerzenschein. Ich bin dankbar, dass Messis an mich gedacht und mich geweckt hat. Auf diese Weise können wir beide gestärkt in einen neuen Fastentag gehen.

Während meines Aufenthaltes in Atbara lerne ich einige Leute kennen, darunter den Lehrer Abdul und den Gerichtsdiener Mustafa. Da wir viel über den Sudan, über Politik und den Glauben sprechen, nenne ich sie „meine intellektuellen Freunde". Im Gespräch spüre ich immer wieder, wie bei ihnen Wut auf Amerika beziehungsweise die Christen aufflammt. Sie erwähnen Nachrichten, Zeitschriften und Filme, in denen gezeigt wird, wie Menschen der westlichen Kultur leben. Dabei setzen sie „westliche" Menschen mit Christen gleich. Die in den Filmen dargestellte Lebensweise finden sie empörend: „Da küssen sich Paare öffentlich und laufen halb nackt herum. Wir sehen, wie sie Alkohol trinken. Ganz öffentlich wird gezeigt, wie sie Geschlechtsverkehr haben und sogar Ehebruch begehen! Die sollen uns mit ihrer Lebensweise nicht beeinflussen – und erst recht nicht unsere Jugend!"

Gegenseitiger Respekt prägt unsere Gespräche. Ich fühle mich nicht persönlich angegriffen, werde aber sensibler, was die Kultur und Gesellschaft der westlichen Welt betrifft. Und ich schäme mich für so manches.

Endlich: Es geht weiter! Die Zugfahrt nach Abu Hamad ist eine staubige Sache. Mehrmals muss ich Wüstensand aus meinen Stiefeln schütten. Sobald ich mein Ziel erreicht habe, fülle ich meinen Wassersack und verziehe mich zum Duschen hinter ein paar Güterwaggons. Erfrischt hole ich Informationen über den nächsten Zug zum Grenzort Wadi Halfa ein. Er soll morgen mit drei Tagen Verspätung hier ankommen.

Die Nacht darf ich als Gast in der Polizeistation verbringen. Ich schlafe in einer unverschlossenen Zelle und mache mich am nächsten Tag auf den Weg zum Bahnhof. Wie versprochen fährt der Zug ein, allerdings ist er bereits seit vier Tagen unterwegs und mit Menschen und Gepäck überfüllt. Trotzdem steigen weitere Passagiere zu, darunter auch ich.

Im Inneren des Zuges traue ich meinen Augen kaum. Alles ist völlig verschmutzt. In den wenigen Toiletten drängen sich Reisende mit ihrem Gepäck, da sie sonst keinen Platz finden. Drei Personen teilen sich die engen Zweierbänke, während auf den Rückenlehnen noch ein bis zwei Passagiere in schier unmöglicher Haltung balancieren. Im Mittelgang schlafen Reisende, aber auch zwischen und unter den Bänken. Einige sind in die Gepäcknetze geklettert und haben sich die an der Decke angebrachten Ventilatoren zwischen die Beine geklemmt. Sogar auf dem Dach der Waggons haben sich Menschen niedergelassen. Aus den Fenstern hängen Arme und Beine heraus … Und das soll ich jetzt zwölf Stunden lang aushalten?

In eine Ecke gekauert sehe ich mich um. Es überrascht mich, wie zufrieden und fröhlich die Menschen unter diesen Umständen sind. Viele suchen Arbeit und reisen deshalb nach Ägypten, Libyen oder auch nach Europa. Manche sind auf der Flucht. Ein junges Geschwisterpaar erzählt mir, dass die Regierung für bestimmte Jahrgänge überhaupt keine Reisepapiere ausstellt, um die jungen Männer für den Dienst in der Armee zu verpflichten und in den Krieg mit dem Südsudan zu schicken. Die Fliehenden im Zug haben es irgendwie geschafft, sich dennoch Papiere zu beschaffen.

Endlich erreichen wir Wadi Halfa, den letzten Ort im Sudan.

Von hier aus muss ich mit der Fähre den Nassersee überqueren, um nach Ägypten zu gelangen. Ich erfahre, dass die Abfahrt des nächsten Schiffes momentan ungewiss ist, da es vor wenigen Tagen einen Zwischenfall gab, bei dem ein Kapitän in eine Schlägerei verwickelt war. Mir bleibt nichts anderes übrig, als im verschmutzten Bahnhofs- und Hafengebäude zu warten. Ziegen und Schafe trotten durch die überfüllten und versifften Wartehallen. An diesem trostlosen Ort schlägt auch noch die Malaria ein fünftes Mal zu.

O nein, schon wieder!, denke ich entmutigt. Schon durchziehen die Gliederschmerzen meinen Körper und treffen sich im Rücken. Diesmal habe ich auch starke Schmerzen im Unterleib und muss mich übergeben. Völlig entkräftet schlafe ich ein. Einige Reisende aus Ghana erkennen meinen Zustand und kümmern sich um mich. Sie mischen Wasser mit Zitrone, Zucker und Salz und sorgen dafür, dass ich genug Flüssigkeit zu mir nehme. Dazu richten sie mich auf und stützen mich beim Trinken. Sie besorgen und mixen ein Naturheilgetränk, das bei Malaria helfen soll. Abwechselnd wachen sie neben meinem Schlafsack und beten für mich.

Vor lauter Schmerzen kann ich nicht schlafen. Es fühlt sich an wie Nadelstiche in meinen Fingern. Ich versuche, mich nicht zu rühren, weil die Schmerzen bei Bewegung stark zunehmen. Auch im Gesicht vermeide ich jede Mimik, nicht einmal die Augen darf ich bewegen. Wieder ist mir heiß und kalt, Hemd und Schlafsack sind völlig durchgeschwitzt.

Hilflos liege ich da und schließe mit dem Leben ab: Ich will einfach nicht mehr! Ich glaube nicht, dass ich Europa und meine Familie noch einmal wiedersehen werde.

Abschiedsschmerz

Doch ... ich überlebe! Die Ghanaer geben mich nicht auf, verfrachten mich auf die Fähre und stehen mir auch dort bei. Auf diese Weise schaffe ich es, den Nassersee zu überqueren und in Ägypten einzureisen.

In Assuan ruhe ich mich erst mal in einem Teeladen aus. Innerhalb der ersten Stunde sehe ich hier mehr Touristen als im ganzen letzten Jahr zusammengenommen. Die meisten sind Deutsche, aber ich halte mich von ihnen fern. Wohlstandsbürger!, denke ich verächtlich. Mit denen habe ich die letzten Monate abgerechnet. Ich merke, dass ich mich vom Lebensstil meiner Herkunftskultur immer mehr distanziere.

Vier bayrische Touristen betreten den Teeladen. So wie die gekleidet sind, wollen sie bestimmt Schweinshaxen mit Knödeln und Kraut!, gifte ich gedanklich weiter. Oh, doch nur Cola ... Der Inhaber berechnet ihnen für ihre Getränke einen touristischen Sonderpreis. Sie zahlen das Vierfache. Okay, das ist auch eine Art von Gerechtigkeit, denke ich und bin zufrieden.

Mit einem Deutschen komme ich dann doch ins Gespräch. Er heißt Holger und ist auf der Durchreise. Wir reden über Gott, Jesus und das Evangelium – was für mich ganz ungewohnt ist, vor allem in meiner Muttersprache! In mir wächst der Wunsch, meinen Glauben auch in Europa zu nähren und zu bekennen. Davon sollen mich weder der Wohlstand noch die materialistische Gesinnung abbringen, nehme ich mir vor. „Bitte, Gott, führe mich mit Menschen zusammen, die auch in der Bibel lesen, ihren Glauben leben und bekennen. Das wird mir vieles erleichtern", bete ich.

In einem Krankenhaus lasse ich mich untersuchen und mir grünes Licht für die Weiterreise geben. Dann breche ich auf. Von Assuan aus geht es durchs westliche Ägypten zur Hauptstadt Kairo und von dort aus nach Alexandria. Unterwegs trenne ich mich von meinem Zelt und Kochgeschirr. Alles, was noch halbwegs brauchbar ist, verschenke ich.

Vieles, was ich auf meiner Reise durch Ägypten sehe, kommt mir bekannt vor. Zunächst ändert sich die Landschaft nicht sehr, denn im Sudan sieht die Wüste mit den fruchtbaren Böden am Nilufer genauso aus. Auch das arabisch-muslimische Erscheinungsbild der Städte kenne ich bereits aus dem Sudan. Den Klang der arabischen Sprache bin ich schon gewöhnt.

Was sich ändert, ist die Esskultur. Eines der Grundnahrungsmittel Ägyptens ist das Fladenbrot, daher wird es „Aish" genannt, was so viel wie „Leben" bedeutet. Dazu isst man beispielsweise eine schlichte Hauptspeise namens „Fuul", eine Paste aus stundenlang gekochten Saubohnen mit herzhaften Gewürzen. Lecker ist auch die ägyptische Variante des türkischen Döner Kebab, „Shwarma" genannt.

Mit einem leichten Bündel streife ich durch Alexandria. Als in der Nähe eine Straßenbahn hält, sprinte ich los und möchte einsteigen. Doch sogleich werden empörte Rufe laut und man drängt mich zurück. Dieser Waggon ist nur für Frauen, bekomme ich erklärt. Im ersten Moment ärgere ich mich, aber dann denke ich um: Na ja, besser Geschlechtertrennung in Nordafrika als Rassentrennung in Südafrika!

Statt auf einen Männer-Waggon zu warten, laufe ich weiter durch die Straßen. Da weht mir ein verführerischer Duft in die Nase. Genießerisch schnuppere ich: Kaffee, frisch gemahlener Kaffee! Der Duft kommt von einem Kaffeehaus in der Nähe. Wie von selbst tragen mich meine Füße zu dem Laden hinüber. Ich setze mich und bestelle eine Tasse frisch gebrühten Kaffee. Dazu genehmige ich mir süßes Gebäck, das mich an Europa erinnert. Später entdecke ich einen Eisstand. Eis! Das habe ich ja schon ewig nicht mehr gegessen. Für heute hatte ich genug Luxus, entscheide ich, aber gleich morgen werde ich mir ein großes Eis genehmigen.

Am Hafen wartet eine böse Überraschung auf mich. Ich erschrecke, als ich die Preise für eine Überfahrt von Alexandria nach Griechenland erfahre: dreihundert bis fünfhundert US-Dollar für eine Fährfahrt nach Piräus?! Das ist ja total überteuert! So viel Geld habe ich nicht, das kann ich vergessen ... Erfolglos versuche ich, im Yachthafen des griechischen Clubs in Alexandria eine Überfahrtmöglichkeit ausfindig zu machen. Dann reise ich eben nach Libyen und nehme von dort aus eine Fähre, überlege ich. Doch auf dem Konsulat wird mir ein Visum für Libyen verweigert. Aufgrund der politischen Lage seien die Grenzen dicht.

Ich beschließe, weiter nach Osten zu reisen, über die Sinaihalbinsel nach Israel. Von dort aus kann ich nach Europa übersetzen, sobald ich mir das Fahrgeld verdient habe. Mehrfach wird mir bestätigt, dass dies eine gute Entscheidung wäre. „In Israel findest du bestimmt schnell Arbeit", höre ich. „Dort ist alles gut und sauber, es gibt keine Malaria und kaum Durchfallerkrankungen."

Per Anhalter verlasse ich den afrikanischen Kontinent Richtung Israel. Lange blicke ich zurück. Es fällt mir sehr schwer, Afrika zu verlassen. Vor meinem inneren Auge zieht vieles vorbei, was ich mit Afrika verbinde: Baumwollplantagen, Erdnüsse, Gastfreundschaft, Korruption und Lebensfreude, Westafrika, die Millionenstadt Lagos. Ich sehe den Schlamm im Regenwald, die Schönheit Südafrikas, die staubige Wüste, Armut, Unterstützung, Krisengebiete und Palmwein. Die Bilder und Erinnerungen wollen kein Ende nehmen.

Innerlich verabschiede ich mich. Good bye, Africa! Ob wir uns je wiedersehen? Africa, I love you. Danke für alles. Was ich hier alles erlebt habe! Ob ich jemals erfassen kann, wie prägend die letzten Jahre und die Erfahrungen für mich waren?

Ich kann meine Tränen nicht zurückhalten. Die Menschen um mich herum werfen mir fragende Blicke zu, doch wie soll ich ihnen meinen Abschiedsschmerz erklären? Vor zwei Stunden habe ich den schwarzen Kontinent verlassen. Und noch immer kullern mir die Tränen über die Wangen.

Ein besonderes Land

„Jaa! Sie halten, sie halten!" Schnell packe ich mein Bündel und laufe zu dem staubigen alten Auto, das für mich bremst. Ich kann mein Glück kaum fassen. Nach stundenlangem Daumenhochhalten bekomme ich eine Mitfahrgelegenheit in Richtung Jerusalem.

Erfreut klettere ich in den Wagen und mache mich mit dem Pärchen bekannt, das sich als Jackie und Gordon Hall vorstellt. Dann lehne ich mich entspannt zurück und lasse meinen Blick durch das Auto schweifen. Eng ist es hier drin. Der Fußraum, der Sitz neben mir und die Heckablage sind mit Büchern vollgepackt. Alles Neue Testament! Ich weiß nicht, ob ich lachen oder weinen soll: „Gott, ist das die Erhörung meiner Gebete? Dass du mir ein Auto voller Bibeln und Christen schickst? Danke!"

In Jerusalem nehmen mich Jackie und Gordon mit in eine Absteige und bezahlen die erste Übernachtung. Dann stellen sie mir Mike vor. Er ist ein britischer Musiker, der gerne von Jesus singt und spricht. Mit seiner Musik, die direkt aus seinem Herzen zu kommen scheint, geht er auf Fragen ein, über die ich noch gar nicht nachgedacht habe. In seiner Gesellschaft fühle ich mich sehr wohl. Einige Tage später reisen wir gemeinsam nach Tel Aviv.

Auf dem Flachdach unserer Jugendherberge spielt Mike Gitarre. Schon bald versammeln sich junge Leute, um ihm zuzuhören. Sie setzen sich hin, lauschen der Musik und lassen sich dabei mit Bier und Schnaps vollaufen. Unter ihnen fühle ich mich wie ein Fremder. Vielleicht sollte ich lieber mal bei der Deutschen Botschaft vorbeischauen, denke ich.

Der Botschaftsangestellte erzählt mir, kürzlich seien schon andere deutsche Wandergesellen hier gewesen. Wo ich sie finden könnte, weiß er leider nicht. Er drückt den Botschaftsstempel in mein

Wanderbuch und organisiert einen kleinen Imbiss für mich. Bei Orangensaft, Brötchen, Croissant, Butter, Marmelade und Käse plaudern wir über Israel, Wanderjahre, Handwerk und Politik. Bevor ich wieder aufbreche, bekomme ich noch zwanzig Schekel Reiseunterstützung, die ich dankbar annehme, denn mit meinem restlichen Geld kann ich hier nicht lange leben. Außerdem möchte ich ja so schnell wie möglich Geld für ein Fährticket nach Griechenland verdienen.

Ich versuche, in Tel Aviv Arbeit zu finden. Aber auch hier gestaltet sich das schwierig, weil ich keine Arbeitserlaubnis habe. In zehn Schreinereien bekomme ich Absagen. Letztlich findet Mike für uns beide Arbeit und Unterkunft. Im antiken Fischerhafen des Ortsteils Jaffa werden wir zum Fischen angeheuert. Unser Arbeitgeber heißt Avi, ich schätze ihn auf etwa fünfundvierzig Jahre. Wie sich nach und nach herausstellt, ist er geschieden, Raucher, Spieler und Alkoholiker. Ständig flucht er, ist mürrisch, hart und verbittert.

Als Unterkunft weist er uns einen igluförmigen Schutzbunker direkt am Wasser zu. Dieser hat einen Innendurchmesser von rund sechs Metern und ist gefühlte zwei Meter hoch. Neben allerlei Gerümpel, Fischködern, einer Kochplatte, Töpfen und einem kleinen Kühlschrank gibt es ein Stockbett. Der Raum stinkt erbärmlich. Mike und ich machen uns daran, die versiffte Unterkunft halbwegs bewohnbar zu machen. Dabei entdecken wir einige Ursachen für den bestialischen Gestank: in Kanistern gelagerte Fischköder, eine mumifizierte Ratte, Unmengen toter Fische, die zwischen drei Matratzen auf dem oberen Stockbett stecken, drei Plastiktüten mit alten Hühnerfüßen im Kühlschrank. Wo sind wir hier nur hingeraten? Mike und ich beißen die Zähne zusammen und räumen und putzen weiter, damit wir die erste Nacht in dieser neuen – immerhin kostenlosen – Unterkunft verbringen können.

Kurz nachdem wir uns hingelegt haben, bekommen wir Besuch von einer quicklebendigen Ratte. Als sie merkt, dass wir all ihre Futterquellen ausgeräumt haben, läuft sie auf der Suche nach Nahrung über unsere Betten. Dabei habe ich Glück, denn das Tier fühlt sich wohl mehr zu Briten hingezogen. Mehrfach versuchen wir, die Ratte mit einer selbst konstruierten Falle zu fangen, aber vergebens. Schließlich legen wir Gift aus.

Ein paar Tage später erwarten wir abends Freunde zum Essen. Mike und ich haben einen Gemüseauflauf zubereitet. Als die Besucher eintreffen, scherzen wir, heute gebe es gebratene Ratte. Als wir gerade mit dem Essen beginnen, taucht plötzlich unsere Ratte auf, die langsam und sichtlich geschwächt an meinen Füßen vorbei in Richtung Treppenaufgang taumelt. Das Rattengift scheint zu wirken. Dem Sterben nah, schleppt sie sich die letzten Stufen zum Ausgang hoch. Wir lassen uns nicht stören und essen weiter. Erst als unsere Freunde –David und Sarah – gehen, sehen wir nach der Ratte. Wir entdecken das Tier in der Nähe der Wasserkante. In einer Box tragen wir sie die letzten Meter und übergeben sie dem Meer. Erleichtert atmen wir auf: Von nun an leben wir ohne Mitbewohner.

Zum Teil fahren wir nachts zum Tiefseefischen aufs Mittelmeer hinaus. Gemeinsam mit Avi werfen wir Leinen und Netze aus, an denen Bojen mit Öllampen befestigt sind. Diese sollen uns beim Einholen eine Orientierungshilfe sein. Anfangs werde ich seekrank, muss mich übergeben und fühle mich sterbenselend. Dabei ist die Ausbeute mehr als bescheiden. Nach über vierzehn Stunden auf dem Meer kehren wir morgens um zehn Uhr mit nur fünfzehn Kilo Fisch zurück. Pro Kilo erhält Avi dreißig Schekel, zwanzig Prozent der Einnahmen teilen Mike und ich uns.

Bald zeigt sich, dass die Fischfangprovision weder zum Leben noch zum Sterben reicht. So kriege ich nie mein Fährticket zusammen! Es wird Zeit, dass ich mir etwas anderes suche.

In der benachbarten Marina finde ich Arbeit im Bootsbau. Ich ziehe bei Avi aus und schlafe von nun an auf einem Boot im Yachthafen. Als Erstes soll ich ein Motorboot innen ausbauen und dafür eine Eckbank, einen Tisch, Stühle und eine Küche anfertigen. Endlich wieder schreinern! Endlich wieder etwas mit meinen Händen schaffen! Ich juble innerlich. Die neuen Möbel baue ich in das Boot ein – es ist eine Maßarbeit, die viel Präzision erfordert.

Dann wird ein alter Yachtkorpus zur Sanierung hereingebracht. Beim Arbeiten mit Schleifmaschinen und Glasfasern stehe ich ständig leicht nach vorne gebeugt und das bekommt meinem Rücken nicht gut. Immer wieder bekomme ich Rückenschmerzen, sodass ich schließlich gezwungen bin, die Beschäftigung zu beenden.

Während meiner Zeit in Tel Aviv finde ich Freunde aus allen Teilen der Welt: hebräische Judenchristen, Afrikaner, Europäer und Amerikaner. Mit vielen teile ich den Glauben an Jesus Christus. Wir treffen uns zum Bibellesen, Beten, Singen und Feiern. Ich merke, wie gut mir das tut. Gemeinsam besuchen wir Gottesdienste aller Prägungen. In der Gemeinschaft mit diesen Freunden klären sich Glaubensfragen und ich bekomme Einblicke in die jüdische Kultur. Ich lerne aber auch, dass ich in manchen Dingen Korrektur brauche. Durch Predigten und biblische Unterweisung verstehe ich manche Zusammenhänge in der Bibel viel besser und ich würde gern noch mehr darüber erfahren.

Zugleich lasse ich mich voll und ganz auf das Land und die Kultur Israels ein. Mein ursprüngliches Vorhaben, hier schnell Geld zu verdienen, gerät in den Hintergrund. Selten frage ich nach der Bezahlung, sondern mache einfach, was anfällt. An die Rückkehr nach Europa denke ich kaum noch.

Tschik-tschak-Möbel

Das soll eine Wohnung sein? Wohl eher ein Schweinestall! So ein Chaos … und total heruntergekommen! Ich möchte gar nicht wissen, was in dieser Bruchbude so alles kreucht und fleucht. Angewidert sehe ich mich in meiner neuen Bleibe in Tel Avivs Stadtteil Jaffa um. Sie liegt oberhalb der Werkstatt meines neuen Arbeitgebers und besteht aus einer kleinen Kaffeeküche und einem verwinkelten Zimmer mit vier Betten, einem alten Sofa, zwei Sesseln, einem Tisch und zwei Stühlen.

Die Wohnung teile ich mit zwei Arabern aus dem Westjordanland und einem Achtzehnjährigen aus dem Gazastreifen. Meine Befürchtung bezüglich tierischer Mitbewohner bestätigt sich leider. Hier leben Ameisen, Kakerlaken, Mäuse und Ratten. Insgeheim nenne ich die Unterkunft „Räuberhöhle", nicht nur wegen ihres Zustandes, sondern auch, weil mir die anderen Männer suspekt sind: Alle arbeiten sie für meinen Chef, doch ich habe keine Ahnung, was sie eigentlich tun. Die beiden älteren Araber sind Trinker. Und der Junge, Johnny, ist auf dem besten Wege dahin.

Der arabische Schreiner Wadia hat mich eingestellt und behauptet, eine Arbeitserlaubnis für mich beantragt zu haben. Seine Werkstatt ist durcheinander und schmutzig. Das wenige Werkzeug ist in schlechtem Zustand. Seltsam finde ich auch, dass Wadia die Stichsäge immer im Küchenschrank seines Privathauses, das etwa hundert Meter entfernt liegt, versteckt.

Na ja, ich tue hier nur meinen Job. Mit krummen Machenschaften habe ich nichts zu tun. Und nach einem anstrengenden warmen Arbeitstag kann ich die Wohnung einigermaßen verdrängen. Ich freue mich einfach aufs Schlafen, versuche ich mir die Situation schönzureden.

Bei der Arbeit verbreitet Wadi immer Hektik. Baue ich an Regalen, Schränken oder Küchen, läuft er aufgeregt durch die Werkstatt und ruft andauernd: „Tschik-tschak! Tschik-tschak!", was wohl so viel heißen soll wie: „Mach schnell! Ruck, zuck!" Entsprechend unorganisiert geht es bei der Arbeit zu. Weil Wadia seinen Spruch so oft ausruft, mache ich mir einen Spaß daraus und schlage ihm neue Werbeslogans vor: „Wadias Tschik-tschak-Küchen", „Wadias Tschik-tschak-Tische" oder „Tschik-tschak-Regale". „Wadia, du bist selbst ein Tschik-tschak", sage ich zu ihm.

Bereite ich einen Baustelleneinsatz vor, hält mein Chef eine andere Aufforderung für mich bereit: „Jalla, jalla, emschi, emschi!" – „Schnell, schnell! Mach, dass du wegkommst!"

Einmal nehme ich den Hilfsarbeiter Johnny mit auf die Baustelle, wo wir mehrere Fensterbänke montieren sollen. Ich weise Johnny ein und er beginnt gemächlich mit der Arbeit. Bald wird es ganz still auf der Baustelle. Als ich nach Johnny suche, finde ich ihn auf einem Stück Schaumgummi schlafend vor. Ich wecke ihn und erkläre, was ich von ihm erwarte. Genervt geht er an die Arbeit. Schon bald ist es wieder verdächtig ruhig. Dieses Mal entdecke ich ihn an einer anderen Stelle schlummernd. Jetzt werde ich sauer und schimpfe mit ihm.

„Warum machst du das?", will ich von ihm wissen.

„Ich verdiene ja nur fünf Schekel die Stunde", antwortet er.

Ich drohe Johnny damit, dem Chef von seiner Faulenzerei zu berichten, doch ihn scheint das kaltzulassen.

Als unser Arbeitgeber auf die Baustelle kommt, beschwere ich mich: „Chef, ich bin der Einzige, der hier arbeitet. Johnny liegt die ganze Zeit faul herum, macht keinen Finger krumm und schläft!"

Wadia antwortet: „Johnny kriegt ja auch nur fünf Schekel die Stunde!"

Nach Feierabend esse ich in einem Lokal Falafel, trinke arabischen Tee und unterhalte mich mit einigen muslimischen Freunden. Spät kehre ich zur Räuberhöhle zurück und schlafe ein.

Plötzlich höre ich laute Schläge am Hauseingang. Mit einem

heftigen Krachen wird die Tür von außen eingetreten. Sekunden später stehen zwei schwer bewaffnete Soldaten im Zimmer, die Lampen an ihren Helmen durchschneiden die Dunkelheit. Mit ihren Gewehren zielen die beiden in den Raum. Panische Schreie in Hebräisch und Arabisch erklingen. Erst als das schummrige Licht eingeschaltet wird, legt sich die schlimmste Aufregung. Die Soldaten holen Taschenlampen hervor, mit denen sie jeden Winkel der Räuberhöhle absuchen. Dann leuchten sie meinen Mitbewohnern und mir ins Gesicht und fordern uns auf, mitzukommen.

Plötzlich türmt Johnny. Er springt auf die zwei Meter hohe Steinmauer, die das Werkstattgelände umgibt, und flüchtet. Zwei Soldaten, die draußen gewartet haben, laufen ihm nach. Ihre Rufe entfernen sich und verhallen in der Nacht. Ich bin erleichtert, dass keine Schüsse abgegeben werden.

Nun versuche ich den Soldaten zu erklären, dass ich Deutscher bin und als Schreiner für Wadia arbeite. Hoffentlich interessieren die sich nicht für meine Arbeitserlaubnis! Selbst wenn Wadia sie beantragt hat, habe ich sie ja noch nicht, bange ich. Mir fällt ein Stein vom Herzen, als sie lediglich meinen Ausweis kontrollieren und mir dann erlauben, hierzubleiben. Die beiden anderen Arbeiter werden mitgenommen. Beunruhigt bleibe ich zurück. Was ist, wenn die Soldaten wiederkommen?

Versöhnung und
ein Bad im Mittelmeer

Sirenengeheul. Die Straße ist gesperrt. Aus einem Einsatzwagen springen die Teammitglieder eines Sondereinsatzkommandos: Sie rücken zur Bombenentschärfung an. Einer der Polizisten nähert sich in Helm, Maske und Schutzanzug mit seinem technischen Gerät dem verdächtigen Objekt. Dicht hinter ihm folgt ein Kollege, während andere den Rückraum sichern. Sie lassen ihre Blicke und Gewehre über die umliegenden Häuser und deren Dächer schweifen. Nach einer Weile wird Entwarnung gegeben. Die vermeintliche Bombe, eine verlassene Plastiktüte, wird in einer Metallkiste verstaut und mitgenommen.

Mir hat diese Bombenwarnung einen tüchtigen Schrecken eingejagt. Aber mit der Zeit merke ich, dass es für die Bewohner Tel Avivs eine Alltagssituation ist. Die Angst vor Terror und Attentaten scheint allgegenwärtig. Das Stadtbild wird von bewaffneten Männern und Frauen in Uniform bestimmt, denn berufs- und wehrpflichtige Soldaten haben ihr Gewehr meist dabei – egal, ob auf dem Nachhauseweg, beim Einkaufen oder in der Freizeit. Vor größeren Geschäften stehen bewaffnete Sicherheitsbeamte, während öffentliche Busse, die in den Gazastreifen oder ins Westjordanland fahren, mit Panzerglas gesichert sind und von Soldaten begleitet werden.

In Israel werde ich auch persönlich mit der deutschen Schuld den Juden gegenüber konfrontiert. Bei ganz alltäglichen Begegnungen schlagen mir immer wieder Anklagen und Bitterkeit entgegen. Wie ist das möglich, nach so vielen Jahrzehnten? Bevor ich nach Israel kam, wusste ich so wenig über die Juden und ihre Geschichte! Vielleicht hat mich die nationale Schuld vom Verstehen abgehalten?

Deshalb möchte ich mich ganz persönlich der Geschichte stellen. So besuche ich das Jerusalemer Museum „Yad Vashem", die bedeutendste Gedenkstätte, die an die nationalsozialistische Judenvernichtung erinnert.

Im „Denkmal für die Kinder" erfahre ich, dass allein eineinhalb Millionen jüdische Kinder ermordet wurden. In einem unterirdischen Raum werden Kerzen in der Dunkelheit so reflektiert, dass ein Lichtermeer entsteht. Dazu ertönen die Namen und das Alter der getöteten Kinder. Der Besuch berührt mich tief. Angesichts dieses Leides sehne ich mich nach Heilung und Versöhnung.

Mein Freund Andy besitzt einen Buchladen in Tel Aviv. Als ich dort wieder einmal in den Regalen stöbere, betritt ein alter Mann den Raum. Er ist einen Kopf kleiner als ich und riecht unangenehm. Der Mann sucht im Regal neben mir etwas. Für einen Moment haben wir Blickkontakt. Er lächelt mich an und wir kramen beide weiter. Offenbar hat der Alte gefunden, was er gesucht hat: Er greift in das obere Regal und zieht ein Buch heraus. Dabei rutscht sein Jackenärmel herunter und eine eingebrannte KZ-Häftlingsnummer wird sichtbar. Ich blicke dem Mann noch einmal kurz ins Gesicht. Da überkommt mich eine wahre Tränenflut. Wie viel Leid hinter dieser Brandmarke stecken muss! Ich halte es nicht aus. Tief bewegt und beschämt verlasse ich den Laden.

Der „verrückte Doug" kreuzt meinen Weg. Das Herz dieses hageren Amerikaners schlägt für die Juden. Ich schließe mich ihm und seiner Sache an. In der Abenddämmerung streifen wir mit Leinwand, Filmprojektor und Kabeltrommel durch die belebten Fußgängerzonen. Wir bitten in Restaurants und Cafés um Stromanschluss und bauen spontan ein Open-Air-Kino auf. Gezeigt wird der Film „Die Zuflucht". Er handelt von der niederländischen christlichen Familie ten Boom. Während der Nazizeit gewährten sie vielen Juden Zuflucht, unterstützten sie und verhalfen ihnen zur Flucht. Dadurch wurden sie selbst zur Zielscheibe eines niederträchtigen Regimes.

Während und nach der Vorführung suchen wir Gelegenheiten, mit jüdischen Bürgern über den Film zu sprechen und ihren Gedanken und Empfindungen zuzuhören. Dabei sehe ich mich Kritik und Anfeindungen ausgesetzt, doch für diese heilsame Versöhnungsarbeit nehme ich das in Kauf.

In Tel Aviv kommen einige Dinge zusammen, die mich zu einem Schritt verleiten, der früher unvorstellbar für mich gewesen wäre. Ich lasse mich taufen – als Erwachsener. Im Mittelmeer.

Früher habe ich die Taufe für einen alten, verkrusteten, kirchlichen Brauch gehalten. Doch beim Bibellesen entdecke ich immer wieder Stellen, in denen es um die Taufe geht. Da lassen sich Menschen taufen, die das Evangelium von der Versöhnung gehört haben und glauben. Mit ihrer Taufe bezeugen sie, zu wem und wofür sie stehen.

Auch ich habe das Evangelium gehört und glaube. Vergebung und Versöhnung beschäftigen mich, seit ich hier bin, sehr. Ich fühle mich von den Bibeltexten persönlich angesprochen. Aber geht das denn: mich taufen lassen? Immer wieder löchere ich Mike, Jakob, Avi, David und Judy mit meinen Fragen.

Mein Entschluss reift, und schließlich lasse ich mich im Rahmen eines Gottesdienstes im Meer taufen. Ich werde dabei ganz untergetaucht und fühle mich anschließend wie neugeboren. Die Taufe hat mir einiges bildlich vor Augen geführt: Wie bei einem Reinigungsbad sind meine Sünden durch den Glauben an Jesus wirklich „abgewaschen" und vergeben. Das Untertauchen zeigt, dass mein altes sündiges Wesen „ersäuft" wurde, also gestorben ist, sodass ich als „neugeborener" Mensch aus dem Wasser auftauche.

Pornofeuer und Kaffeesatz

Eine heiße Nacht im Freien, am Sandstrand von Tel Aviv. Einige Freunde und ich haben beschlossen, hier draußen zu übernachten. Als ich mich endlich schlafen lege, taucht eine junge Frau aus der Dunkelheit auf.

„Ich bin Rachel", stellt sie sich vor. „Darf ich heute Nacht bei euch schlafen?"

„Das ist kein guter Platz für eine junge Frau, hier am Strand unter lauter jungen Männern", entgegne ich. Da erzählt sie ihre Geschichte: Rachel hat einen Einberufungsbefehl vom Militär erhalten und soll nun als Wehrpflichtige antreten. Davor hat sie solche Angst, dass sie von zu Hause weggelaufen ist.

Bevor sie noch weiter durch die Nacht irrt, lassen wir sie in unserer Mitte schlafen. Am nächsten Morgen bringe ich sie in eine Jugendherberge, zahle für drei Übernachtungen und stelle sie anderen Bekannten vor. Zu meiner Überraschung stellt sie sich ihnen mit Elischeba vor. In den folgenden Tagen erzählt sie immer neue Geschichten, warum sie in einer misslichen Lage ist: Mal hat ihr Vater sie im Streit rausgeworfen, mal hat sie beim Besuch einer Freundin in Tel Aviv ihren Geldbeutel verloren und weiß nicht mehr, wo die Freundin wohnt …

Die vielen Widersprüche kommen mir suspekt vor. Auch meine Freunde und Bekannten, die sie kennen, haben den Eindruck, dass sie jedem etwas anderes erzählt, ganz egal, um was es geht: von ihrem Namen angefangen bis zu Banalem, etwa was sie mittags gegessen hat.

Wir Freunde schütteln den Kopf. „Warum lügt sie ständig? Das nervt!" – „Hält die uns für total bescheuert?" – „Sie meint wohl, wir reden nicht miteinander und merken gar nicht, dass nichts, was sie uns erzählt, zusammenpasst." – „Vielleicht weiß sie selbst nicht, dass sie lügt? Sie könnte ja geistig verwirrt sein!"

Dann passiert etwas, das mir einiges klar werden lässt: Ich besuche Rachel – so nenne ich sie nach wie vor – in der Jugendherberge. Musik schallt aus der Gartenlaube zu uns herüber.

Plötzlich hebt sie den Kopf und lauscht, dann packt sie mich ganz aufgeregt am Arm. „Mein Lieblingslied!", ruft sie. Der Musiksender MTV spielt einen Song von Fleetwood Mac: „Tell me lies, tell me sweet little lies" – „Erzähl mir Lügen, süße kleine Lügen …"

Hoppla! Das ist ihr Lieblingslied? Süße kleine Lügen … Mir fällt es wie Schuppen von den Augen. Rachel ist völlig klar im Kopf, da hätten wir uns keine Sorgen machen müssen, sie hat einfach Spaß daran, Lügengeschichten zu erzählen. Ob die Musik sie beeinflusst hat? Oder empfindet sie dieses Lied lediglich als Ausdruck ihrer Lebensweise? Noch lange mache ich mir Gedanken über Rachel, dieses Lied und den Einfluss von Musik.

Mike und ich sitzen mit Mosche zusammen. Wir haben ihn vor ein paar Wochen kennengelernt und sprechen oft mit ihm über Jesus, den Messias. Mosche ist etwa dreißig Jahre alt und arbeitet als Barkeeper, trinkt gerne einen über den Durst und lacht über alles. Doch heute ist ihm das Lachen vergangen, denn gestern ist ihm gekündigt worden. Offenbar hat er sich an der Bar selbst bedient, und zwar nicht zu knapp. Die Krise löst einen Korken, und so vertraut er uns auch eine andere persönliche Not an.

„Kommt mit und seht selbst", meint er.

Dann führt er uns durch seine Wohnung. Im Wohnzimmer stapeln sich pornografische Magazine. Auf der Toilette liegen Sexhefte, im Schlafzimmer weitere pornografische Hefte. In seinen Jackentaschen stecken Pornomagazine im Miniformat.

„Das hat mich fest im Griff", bekennt er. „Ich kann nicht aufhören, mir diese Heftchen und Bilder anzusehen. Ständig habe ich blöde sexuelle Fantasien. Ich möchte aufhören, aber ich komme einfach nicht davon los!" Er bittet Mike und mich um Hilfe.

Wir brauchen ein paar Tage, um dieses Geständnis sacken zu lassen. Wie können wir ihm mit diesem Problem helfen? Was könnte ein möglicher Lösungsweg sein? In den nächsten Tagen sprechen wir wieder mit Mosche darüber und erklären ihm, dass wir die Sache zwar nicht gut finden, aber als Freunde zu ihm stehen. Mosche versichert uns, dass er das Problem anpacken will.

Wir unterstützen ihn ganz praktisch, indem wir ihm einen Seelsorger vermitteln und bei der Jobsuche helfen. Aber wir machen auch deutlich, dass ein radikaler Schnitt nötig ist, wenn er von seiner Sucht freikommen möchte. Er muss seine Wohnung von allen pornografischen Inhalten säubern. Als der Abend dämmert, machen wir im Garten in einer großen alten Blechtonne ein Feuer. Kartonweise holen wir die entwürdigenden Magazine aus seiner Wohnung, die in einem großen Pornofeuer von den Flammen verzehrt werden.

Mein Künstlerfreund Steff macht mir ein Angebot: Er wird mit seiner Freundin für ein bis zwei Wochen nach Europa reisen. In dieser Zeit darf ich sein Haus kostenlos nutzen, lediglich einige Renovierungsarbeiten soll ich als Gegenleistung verrichten. Freudig nehme ich sein Angebot an. Es ist ein tolles Gefühl, wieder in einem richtigen Bett mit Federdecke schlafen zu können. Außerdem gibt es hier eine Waschmaschine, so ein Luxus!

Gegenüber lebt Maira, die „Wahrsagerin". Sie liest die Zukunft aus dem Kaffeesatz und macht dafür Werbung. Auch mich lädt sie ein, doch ich lehne dankend ab. Sehr oft beobachte ich, wie Leute – meist Frauen und junge Mädchen – verstört und unter Tränen Mairas Haus verlassen. Das macht mich sehr betroffen.

Wenn sie doch nur auf ihre eigenen Propheten hören würden, denke ich. Dann könnten sie sich diese seelischen Schmerzen ersparen! Denn ich weiß, dass die Bibel im 5. Buch Mose deutlich vor Wahrsagerei warnt: „Wenn ihr jetzt in das Land kommt, das der Herr, euer Gott, euch gibt, dann übernehmt von den Völkern dort keinen ihrer abscheulichen Bräuche! Niemand von euch darf seinen Sohn oder seine Tochter als Opfer verbrennen, niemand soll wahrsagen, zaubern, Geister beschwören oder Magie treiben, Totengeister befragen, die Zukunft vorhersagen oder mit Verstorbenen Verbindung suchen", heißt es dort im 18. Kapitel.

Ich bin traurig, dass Mairas Kunden sich auf die Wahrsagerei einlassen und hinterher mit dem leben müssen, was die Frau ihnen erzählt hat.

Mutig wie ein Löwe

In meinen Händen liegt das „verbotene" Buch, das Buch der Verräter. Juden lernen von klein auf, dass sie in diesem Buch nicht lesen dürfen. Es gilt als das Buch derer, die dem jüdischen Volk so viel Leid zugefügt haben.

Die Rede ist vom Neuen Testament. In meiner Ausgabe sind die Vorhersagen der alttestamentlichen Propheten über den kommenden Messias deutlich hervorgehoben. Dadurch soll vor allem den jüdischen Lesern – wenn sie das Neue Testament überhaupt in die Hand nehmen – deutlich gemacht werden, dass Jesus der Messias ist, der schon Jahrhunderte vor seinem Kommen von den jüdischen Propheten angekündigt wurde.

Ich lerne einen Mann kennen, der dieses Tabu gebrochen hat. Jacob ist Jude und liest in der Bibel. Schon seit Jahren ist er überzeugt, dass Jesus der versprochene Retter ist. Sein Herz brennt dafür, das Evangelium unter den Juden bekannt zu machen. Das hat er sich zur Lebensaufgabe gemacht – trotz allem Leid, das „die Christen" seinem Volk angetan haben, und trotz aller Vorurteile von jüdischer Seite.

Jacob hat mehrere Unterstützer. Auch ich möchte dazu beitragen, dass Juden Jesus kennenlernen. So begleite ich Jacob und verteile mit ihm auf dem Busbahnhof Handzettel, Bücher und Neue Testamente. Auf den Flyern wird beispielsweise über den Zusammenhang jüdischer Feste mit dem Messias informiert. Die Bücher machen Mut zum Glauben an Yeshua, wie Jesus auf Hebräisch heißt.

Ich verteile gerade einige Handzettel, als es um Jacob herum laut wird. Er ist mit ein paar Ultraorthodoxen ins Gespräch gekommen und nun ist eine Diskussion entbrannt, die immer lauter und aggressiver wird. Während ich zu den Männern hinübergehe, stopfe ich die Zettel in meine Tasche. Schon entsteht eine Menschentraube.

Trotz aller Aggressionen bleibt Jacob ruhig und sachlich. Plötzlich versuchen zwei erboste Männer, ihm seine Umhängetasche zu entreißen. Jacob weicht zurück, doch schon greifen weitere Männer nach ihm. Er schüttelt sie ab, wird aber vom Mob weiter bedrängt. Als einige auch noch anfangen zu schlagen, ergreift Jacob die Flucht. Drei Männer verfolgen ihn.

Mit einem Zettel über das Passahfest in der Hand frage ich zwei orthodox gekleidete Juden, was hier eigentlich los sei. Immer noch wütend erklären sie mir, was Jacob hier predigt und was auf meinem Zettel über Jesus steht. Dabei sprechen sie nicht den Namen Yeshua aus, denn dieser bedeutet „Jahwe (der Herr) ist Rettung/Befreiung", sondern sie drücken ihre Verachtung aus, indem sie den Namen auf „Yeshu" abkürzen. Das ist ein Schimpfwort, weil es sich aus den Anfangsbuchstaben der hebräischen Redewendung „Mögen sein Name und sein Gedenken ausgelöscht werden!" zusammensetzt.

Als ich mich von der Gruppe entferne, denke ich: Damit muss Jacob jedes Mal rechnen … nicht nur mit Widerwillen, sondern auch mit Gewalt. Und trotzdem predigt er immer wieder. Er ist wirklich mutig wie ein Löwe!

Ich habe großen Respekt vor Jacob und begleite ihn auch zu weiteren Aktionen. Manchmal wird ein kurzes Theaterstück aufgeführt oder eine Musikgruppe singt auf der Straße. Im Anschluss erklärt Jacob immer das Evangelium. Wir reisen auch zu mehrtägigen Rockkonzerten, beispielsweise nach Tiberias. Dort leben wir ein paar Tage mit den Konzertbesuchern zusammen und schenken ihnen Bücher, die wir extra dafür mitgenommen haben.

Bei diesen Einsätzen sind uns immer wieder Mitglieder der Organisation Yad L'Achim auf den Fersen. Sie sind der festen Überzeugung, dass das Evangelium ein gefährliches Gift für die jüdische Seele ist und versuchen, seine Verbreitung mit allen Mitteln zu verhindern. Auch vor Gewaltanwendung schrecken sie nicht zurück. Einmal nehme ich in Jacobs Haus, in dem ich übernachten darf, einen Anruf entgegen. Ein lauter Schwall Hebräisch dringt an mein Ohr. Ich unterbreche den Anrufer und bitte ihn, Englisch mit mir zu sprechen. Er schaltet zwar auf Englisch um, redet aber genauso laut und aggressiv weiter. Schließlich fällt der Satz: „I'll kill you!" – „Ich bringe dich um!"

Mir läuft es kalt den Rücken hinunter. Schnell rufe ich: „Jacob, ich glaube, der Kerl meint dich! Ich meine … da will dir einer was sagen", und gebe den Hörer weiter.

Andererseits bekomme ich auch mit, wie viele es wagen, im gefährlichen Neuen Testament zu lesen. Manchmal passiert es, dass einem schon nach den ersten Zeilen – obwohl dort nur vermeintlich langweilige Geschlechtsregister stehen – die Tränen kommen. Dann sagt er: „Das ist ja ein Buch für mich und mein Volk. Wie konnte man es mir nur so lange vorenthalten?"

Doktor Chaim

Wieder machen mir meine Zähne zu schaffen. Sie sind ja nicht gerade in bester Verfassung und ich befürchte, dass ich bald größere Probleme bekomme.

Da trifft es sich gut, dass ich im wöchentlichen Gottesdienst einem Zahnchirurgen begegne. Er heißt Dr. Chaim, was „Leben" bedeutet. Der in Israel geborene Hebräer hat kürzlich erkannt, dass Yeshua der im Alten Testament versprochene Messias ist. Er fing an, Yeshua nachzufolgen und ließ sich aufgrund seines neuen Glaubens taufen. Für viele jüdische Familien ist so etwas ein unvorstellbarer Skandal. In Chaims Fall führte es dazu, dass sich seine Frau von ihm trennte, außerdem hat er dadurch große finanzielle Einbußen erlebt. Jetzt ist er mitverantwortlich für die kleine Gemeinde „Brit Olam", die gerade im Aufbau ist.

„Ich war schon länger nicht mehr beim Zahnarzt", wende ich mich an Dr. Chaim. „In Afrika ist mir ein Zahn abgebrochen und jetzt habe ich hin und wieder Zahnschmerzen. Bitte wirf doch mal einen Blick auf meine Zähne. Ist das möglich?" Er gibt mir seine Visitenkarte, damit ich mit seinen Mitarbeiterinnen einen Termin vereinbaren kann.

Unsicher und ängstlich melde ich mich in der Praxis. Mit Zahnärzten habe ich bisher keine guten Erfahrungen gemacht, meistens musste ich sehr schmerzhafte Behandlungen über mich ergehen lassen. Dennoch sitze ich schon wenige Tage später in Chaims Behandlungsstuhl. Er ist ehrlich und direkt.

Nach ein paar Ausbesserungsarbeiten an den Backenzähnen sagt er: „Klaus, das ist eine größere Baustelle. Deine vorderen Zähne müssen komplett erneuert werden. Dazu musst du die nächsten Wochen öfter wiederkommen!"

„Ist das wirklich nötig?", frage ich.

Chaim klärt mich auf, hält mir einen Spiegel vor, klopft Zähne ab und zeigt mir kranke und untaugliche Stellen.

„Aber, Chaim", wehre ich mich, „was kostet das? Ich habe doch gar nicht das Geld, um so eine Behandlung zu bezahlen!"

Väterlich, freundlich und ernst sagt er: „Klaus, glaube, sei mutig und komm einfach!"

Ich gehorche und gehe hin, wieder und wieder. Dr. Chaim fertigt mir in dieser Zeit sechs neue Kronen an und verlangt keinerlei Bezahlung. Ich empfinde große Hochachtung und Dankbarkeit für diesen „Liebesdienst". Immer wieder frage ich mich: Was hat ihn dazu gebracht?

Auf, nach Hause!

Ich glaube, es ist an der Zeit. Zeit für meine Rückkehr nach Deutschland. Den Anstoß hierzu hat mir eine Bibelstelle gegeben: Jakob, der Stammvater des Volkes Israel, ist auch längere Zeit im Ausland gewesen. Doch dann fordert Gott ihn auf: „Mache dich auf und zieh aus diesem Lande und kehre zurück in das Land deiner Verwandtschaft!"

Hat das etwas mit mir zu tun? Soll auch ich mich auf den Heimweg machen? Meine drei Jahre und ein Tag sind ja schon längst vorbei … Der Gedanke lässt mich nicht mehr los. Ich berate mich mit Freunden. Nach längerer Überlegung entscheide ich mich, jetzt wirklich heimzukehren, und besorge mir die günstigste Fährfahrkarte nach Griechenland.

Auf der großen Autofähre betrete ich als Erster das Passagierdeck und den Empfangsraum. Wow, denke ich, das ist wirklich beeindruckend! Zwölf Stewards stehen in Reih und Glied vor einer riesigen Spiegelwand und erwarten die Passagiere. Alle tragen die gleiche Uniform: schwarze Hose, weißes Hemd, schwarze Fliege und ein dunkelrotes Sakko. Hier ist alles so schickimicki und nobel! Da passe ich gar nicht hin, schießt es mir durch den Kopf, als auch schon der erste Steward auf mich zu tritt. Nach einem Blick auf mein Ticket fordert er mich auf, ihm zu folgen. Er führt mich über einige Treppen und Flure, dann öffnet er eine schwere Stahltür. Mit einer einweisenden Geste hält er sie mir offen, geht aber selbst nicht hindurch. Die Tür führt hinaus ins Freie. Ich verstehe: Dafür ist also das billigste Ticket gültig!

Kalt ist es hier und zugig! In meinen Schlafsack eingekuschelt, verkrieche ich mich in eine windgeschützte Nische. Neben mir vibriert eine Abdeckung, aus der etwas Wärme aus dem Motorraum hochsteigt. Zum Schlafen lege ich mich darauf, aber nachts wache ich auf. Es ist noch kälter und windiger geworden, an Schlaf ist hier nicht mehr zu denken. Deshalb schleiche ich mich durch das stille, dunkle Schiff. Irgendwo gibt es bestimmt eine Ecke, in der ich unauffällig weiterschlafen kann. Ah, hier! Ich habe ein Spielzimmer für Kinder entdeckt. Dort gibt es Holzspielzeug, eine Rutsche und einen einladend weichen Teppichboden. Darauf schlummere ich den letzten Teil der Nacht.

Von Piräus aus trampe ich auf die südliche Halbinsel Griechenlands. Dort nehme ich ein weiteres Schiff nach Italien. Per Anhalter reise ich durch Italien, Österreich und Deutschland Richtung Heimat.

Ohne Vorankündigung erreiche ich meinen geliebten hessischen Heimatort Riedrode. Auf dem Weg zum Elternhaus empfinde ich eine Mischung aus Vorfreude und Nervosität. Hoffentlich ist jemand daheim!

Ich gehe mit einem komischen Gefühl zum Hinterhof und entdecke meinen Papa. Er sitzt auf dem Traktor und schiebt Kuhmist zusammen. Von hinten springe ich auf den Trecker. Mein Vater dreht sich um und starrt mich einen Moment lang entgeistert an. Gleich darauf liegen wir uns in den Armen. Unter Freudentränen gehen wir zusammen zum Wohnhaus. Ich umarme mit feuchten Augen meine Mutter. Es dauert nicht lange, bis auch meine Brüder angekommen sind und mich willkommen heißen. Auch ein paar Tanten, Onkel und Cousins kommen vorbei. Sie stellen Fragen und erzählen auf Hessisch – und ich merke, dass ich das hessische Gebabbel zwar noch verstehe, aber nicht mehr sprechen kann. Irgendwie habe ich meinen Dialekt verloren!

Bald nach meiner Ankunft wird mir klar, dass ich unter einer Art Kulturschock leide. Ich muss neu lernen, mich hier zurechtzufinden, zivilisiert zu essen und länger auf Stühlen zu sitzen. Manchmal habe ich den Eindruck, völlig neben mir zu stehen. Meine Gedanken fangen an zu kreisen: Was soll ich bloß machen? Soll ich überhaupt hierbleiben? Was ist mit mir passiert? Am liebsten würde ich meinen Charlottenburger packen und wieder lostippeln. Aber wohin? Unterwegs war alles so toll … Moment mal, war es das wirklich?

Einerseits überkommt mich die Sehnsucht nach einer gewissen Stimmung, einer verklärten Zeit. Es ist wie krank machendes Fernweh. Andererseits habe ich Angst, dass mich der Lebensstil der letzten fünf Jahre gefangen nimmt und nicht mehr loslässt. Ich fürchte mich vor nostalgischen Erinnerungen und wehmütigen Empfindungen. Um mich zu schützen, räume ich alles, was mit meiner Wanderschaft zu tun hat, auf den Dachboden. Klamotten, Bilder, Briefe, Tagebücher, Erinnerungen – alles lasse ich verschwinden.

Noch mehr als ein Abenteuer

Zufrieden stehe ich in der Hobbywerkstatt und arbeite. Mein Bruder Bernd hat mich kurz nach meiner Heimkehr gebeten, für ihn eine Massivholzküche zu bauen. Ich säge, hoble, fuge, verleime, stemme, zinke und nute vor mich hin und genieße jeden Augenblick.

Während ich arbeite, ist es mir plötzlich, als hörte ich eine sanfte, aber sehr bestimmte Stimme, die zu mir sagt: „Klaus, hier in deiner Werkstatt sind ein paar gestohlene Werkzeuge! Die hast du vor vielen Jahren bei deinem Lehrmeister mitgehen lassen. Bring das Werkzeug zurück!"

Ich schrecke zusammen: „Aber, Gott! Das kannst du nicht von mir verlangen! Das ist verrückt ... Das wäre ja so was von peinlich! Lieber mache ich was anderes für dich! Vielleicht gehe ich mal wieder nach Afrika. Ich kann auch Mönch werden oder was auch immer ..."

Einige Tage später höre ich die sanfte Stimme wieder: „Klaus, erinnerst du dich an Kapstadt? Du hast dich auf eine Beziehung zu mir und damit auf ein neues Abenteuer eingelassen. Sei nicht so feige! Geh zur Firma Schaider nach Bensheim und gib die gestohlenen Werkzeuge zurück! Unser Abenteuer hat gerade erst begonnen! Und es ist mehr als ein Abenteuer!"

Rückblick

Berlin hieß mein großes Ziel, als ich 1988 auf die Walz ging. Bei meiner Rückkehr 1993 hatte ich dieses Ziel nicht erreicht. Stattdessen war ich durch 27 afrikanische Länder und noch etliche weitere Staaten gereist. War die ganze „Tippelei" eine Zielverfehlung? Was habe ich auf dieser Reise gelernt und was ist von bleibendem Wert?, frage ich mich selbstkritisch, als ich fünfzehn Jahre nach der Rückkehr meine alten Ausrüstungsgegenstände, Briefe und Tagebücher wiederfinde. Ich ziehe ein kurzes Fazit.

Rückblickend auf meine Reise bin ich sehr dankbar, dass ich überhaupt noch am Leben bin. Wenn Sie alle Kapitel dieses Buches gelesen haben, wissen Sie, dass das nicht selbstverständlich ist. Aber ich freue mich, dass ich den Mut aufgebracht habe, mich auf solch einen „durchgeknallten" Lebensstil einzulassen.

Die Freundschaften, die auf diesen Reisen entstanden sind, bedeuten mir viel. Was hätte ich ohne die Hilfsbereitschaft der Menschen gemacht, die selbst kaum das Nötigste zum Leben hatten, aber trotzdem ihren Wohnraum und ihr Essen mit mir teilten?!

Dankbar bin ich auch für die Menschen, die mir über den Weg gelaufen sind und mir frisch, frei, fröhlich (und manchmal auch ein bisschen verklemmt) von ihrem Glauben an den lebendigen Gott erzählt haben. Immer wieder hat mich eine kurze Bemerkung zum Nachdenken gebracht. Dadurch wurden alte Überzeugungen infrage gestellt und neue konnten wachsen.

Die Rückkehr ins reiche Deutschland war natürlich ein gewaltiger Kulturschock. Aber ich bin froh, dass der abenteuerliche Lebensstil, den ich unterwegs kennengelernt hatte, mit dem Ende der Wanderschaft nicht vorbei ist. Ich kann mir heute eingestehen, dass ich (mindestens ein bisschen) „verrückt" bin! Vor allem habe

ich jedoch gelernt, mit wenigen und bescheidenen Mitteln auszu-
kommen. Auch heute strebe ich einen schlichten Lebensstil an, weil
ich weiß, mit wie wenig das Leben möglich ist und wie befreiend das
Verzichten sein kann. In Krisenzeiten erinnere ich mich oft daran,
dass Gott mir in der Vergangenheit durch dunkle Täler hindurch-
geholfen und mir viel Gutes getan hat. Das hilft mir, eine gelassene
und zuversichtliche Haltung in der Gegenwart zu finden.

Auf dem Weg, meine Wanderjahre als Buch zu veröffentlichen,
haben mich meine Familie, meine Mitautorin Miriam Hurler und
das Team vom Brunnen Verlag sehr ermutigt und unterstützt. Ohne
sie hätte ich das nicht geschafft. Ich danke euch ganz herzlich für
den Einsatz und euren Mut, QUERWELTEIN zu verwirklichen.

Klaus Deckenbach